「仕事のゲーム化」でやる気モードに変える

経営に活かすゲーミフィケーションの考え方と実践事例

NIコンサルティング代表取締役
長尾一洋

NIコンサルティング教育研修部長
清永健一

実務教育出版

はじめに

私（長尾）には3人の息子がいますが、多くの若者と同様、ゲームに夢中です。朝、眠たそうな目をこすっているので、「夕べは何をやってたんだ？」と聞くと、「徹夜でゲームをしていた」という答えが返ってきます。

徹夜でゲームをするなど、私には考えられないことですが、息子は「楽しいから、ついつい寝ずにやっちゃうんだよ」と言います。

親からすれば、「そんな暇があるなら、勉強しろ！」と、文句のひとつも言いたいところですが、言ってもムダだろうなと思って、ついついがまんしてしまいます。

たまに、見るに見かねて厳しく注意することがあります。しかし、まったくやめようとしません。ゲームには、そんなにも魅力があるのでしょうか。

ところであなたは、コンピューターゲームをやりますか？

いまはスマートフォンがかなり普及しているので、「電車の待ち時間にやっている」という人も多いかもしれません。

ちなみに私は、ゲームとは無縁の生活を送ってきました。ぎりぎりファミコン世代なので、学生時代、同級生がやっている姿をよく見ましたし、大流行していたインベーダーゲームを少しやった記憶があります。

しかしその後、ゲームのたぐいは一切しませんでした。そしていまでも、「ゲームなんかするよりも、もっと有意義な時間の使い方があるはずだ！」と思っている〝ゲーム否定派〟です。


そんな私ですが、「なぜゲームとなると、みんな時間も忘れて没頭してしまうのだろう？」という疑問をずっと持ち続けていました。

「コンピューターゲームなんて、子どもの遊びだ」と眉をひそめる方でも、徹夜で麻雀をしたり、ゴルフに行く前の晩に興奮して眠れなかったりという経験はあるのではないでしょうか。ゲームに夢中になるのは、子どもや若い人だけではないのです。

私は、これだけ多くの人が多種多様なゲームに夢中になっているのだから、その良い面、効用についても考えてみようと思いました。

実際にゲームをやってみると、ついついハマってしまい、案外面白いものだなぁと思う部分が多々ありました。

やはり、ゲームをやること自体、単純に面白いという魅力は大きいと思います。ただそれは、ゲームの楽しさがもたらす単純な反応ともいえるものです。

やるなと言われても、ついついやりたくなったり、徹夜をしてでもやるという〝魔力〟は、それにプラスされた何かがあると思っていましたが、実際にいろいろなゲームをやってみて、その正体が見えてきたような気がします。

それは、「自分はできる！」という自信が得られたり、自分のレベルアップ、成長を実感できることです。

私は経営コンサルタントであり、また会社の経営者でもありますから、こうしたゲームの効用を仕事の現場に活かせないかと考えました。そして、私が代表を務める株式会社ＮＩコンサルティングの社員のなかでも、とりわけゲームの世界に詳しい清永といっしょにまとめたのが本書です。

ゲームづくりのノウハウをゲーム以外の分野に応用する考え方を「ゲーミフィケーション」といいますが、ゲーム業界の隆盛とともに流行語のようになっていて、最近は関連書籍も数多く出版されています。

しかしそのほとんどが、ゲーム業界の方の手によるもので、ゲームをつくるノウハウが数多く紹介され、「それを仕事にも活かしましょう」という提言はなされているものの、人材育成や組織の活性化にどうつなげていくかという点にまでは踏み込んでいないように感じます。

本書では、「仕事のゲーム化」によって。仕事が面白くなる、職場が楽しくなるということだけではなく、どう業績向上につなげていくかという経営の視点から「ゲーミフィケーション」

を考えていきたいと思います。

私は長年、「可視化経営（経営の見える化）」というテーマを提唱してきましたが、「仕事のゲーム化」を進めるうえで、可視化経営というフレームワークが必要なことを、本書を通してご理解いただければと思います。

2013年6月

長尾 一洋

「仕事のゲーム化」でやる気モードに変える　目次

Part 2
「仕事のゲーム化」で若手もベテランも目の色が変わる

Part 3 「仕事のゲーム化」と可視化経営への取り組み

Part 4
「仕事のゲーム化」のフレームづくり・7つのプロセス

Part 5

仕事を面白くする「ゲーム化」のさまざまな仕掛け

2　ゲーミフィケーション・ツールを使った「仕事のゲーム化」事例……109

Part 6

会社の課題を解決した「仕事のゲーム化」の実践事例

Part 7

「仕事のゲーム化」の限界を超えた組織づくりを

Part 1

人はなぜ、ゲームにハマるのか？

1　理屈抜きで夢中になってしまうゲームには4つの特徴がある

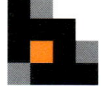

ゲーム業界の隆盛をもたらしたもの

私（清永）は小学生の頃、落ち着きがなく、1つのことに集中できない少年でした。学期末にもらう通知表にはいつも、「もっと落ち着きましょう」という担任の先生の言葉が書かれていたものです。

そんな少年も、テレビゲームをやっているときは別人でした。ゲームを始めると夢中になってしまい、食事をとるのも忘れてしまうことがしょっちゅうでした。

テレビゲームは元々、子どもをターゲットに開発されました。売り出したゲームに夢中になる子どもが多ければ多いほど、ゲーム会社は儲かります。逆に、子どもたちが見向きもしないゲームばかりつくっていたら、会社の経営は立ちいきません。

そう考えると、いまやプロ野球球団のオーナーになる会社もあるゲーム業界の歴史は、「子どもを熱中させるものは何か」、「どうやったら理屈抜きで子どもに楽しんでもらえるか」を必死に考え続けてきた歴史といっても過言ではありません。

そこには、人をゲームに夢中にさせるさまざまな秘密が隠されているはずです。

私は、これまでさまざまなコンピューターゲームで遊んできました。

野球やサッカーなどのスポーツをゲームにしたもの、「ドラゴンクエスト」のようなロールプレイングゲーム、「スーパーマリオブラザーズ」のような敵を倒しながら進むアクションゲーム、戦国武将になり天下統一をめざすシミュレーションゲームなど、どれも夢中になりました。

こうしたゲーム体験を思い出しながら、人がハマるゲームの特徴を探っていきたいと思います。

何をしたらよいかがすぐわかる「ドラゴンクエスト」

私の体験を振り返ってみると、どんなゲームを始めるときにも、ひとつ共通していることがあります。それは、説明書を読んだ記憶がないということです。

代表的なロールプレイングゲームである「ドラゴンクエスト」は、狭い王様の部屋から始まります。狭い範囲の中でやれることは限られています。動いてみると、鍵を手に入れることができ、それで扉を開けられます。

これだけの操作をするのに、説明書など必要ありません。

こうして、アイテムを手に入れながら移動できる範囲を広げていくという「ドラゴンクエスト」の基本ルールを自然に習得していけます。

そして、ゲームの冒頭で王様から3つの目的を提示されます。「竜王を倒すこと」、「ローラ姫を救出すること」、「光のたまを取り戻すこと」です。

さらに、王様の部屋を出ると、すぐに最終目的地である「竜王の城」が表示されます。この城へは、世界をぐるっと一周しなければたどり着けませんが、「あそこに行けばいいんだな」と無条件に理解できます。

このように、「ドラゴンクエスト」は、最初に面倒な説明を受けなくても、何をしたらよいかが子どもでも理解できるようになっています。

これは、人を夢中にさせるゲームの大きな特徴といってよいでしょう。

プレーヤーの現状が目に見えるかたちで表示される

「ドラゴンクエスト」では、プレーヤーの経験値によってレベルが上がります。レベルが上がれば、新しい魔法を使えるようになったり、体力を示すヒットポイントが増えたりします。

私は少年時代、「ティロリロティッティッティー……」というレベルアップしたことを伝える音を聞くたびに、なんとも言えない快感に浸ったものです。

そして画面上には、自分がいまどのレベルなのかが常に表示されています。

また、「ドラゴンクエスト」に限らず多くのゲームには、自分の周囲を見わたすメイン画面と、全体マップが見られるサブ画面が用意されています。

このように、〝現場の視点〟に加えて、上空から全体を見る〝俯瞰《ふかん》の視点〟があることで、自分がいまどこにいるかという途中経過を把握できます。

こうした、自分の現状、現在地、実力などを常に目で見られるよう工夫されていることも、最後まで楽しく遊び続けられる要素でしょう。

インベーダーゲームにハマった理由

読者のなかには、インベーダーゲームにハマった経験がある方も多いのではないでしょうか。

このゲームが流行っていたのは私の少年時代でしたが、親にせがんでは、熱くなって遊んでいた記憶があります。

とくにあの効果音が、子どもの心を虜《とりこ》にしました。ミサイルがインベーダーに命中すれば、「ピコーン」、外れれば「シュ」、画面上段を横断する赤いＵＦＯに命中すれば「ピピピピピ……」と効果音が発せられます。

このように、インベーダーゲームではミサイルを打てば、必ず何らかの反応があります。もし、インベーダーを撃退したのに何の音もしなかったらどうでしょうか。ミサイルが当たったのか当たらなかったのかさえ、ゲームをしている人にはよくわかりません。

これでは、まったく面白くないでしょう。

他のゲームでも、この点は共通しています。上手くいっても失敗しても、すぐにフィードバックがあることが、人が夢中になるゲームの1つの要素といってよいでしょう。

ゲームのエンディングを見て涙が出る

映画の最後にはエンドロールが流れます。本編中に居眠りしていても、終わりの時間に起きれば、だれでもそれを見ることができます。しかしゲームの場合は、頑張ってミッション（クエスト）をクリアしなければエンディングを見ることはできません。

私は努力（？）してクリアしたゲームのエンディングを見て、冗談でなく、涙が出たことが何度もあります。最も感動したのは「メタルギアソリッド3」というゲームのエンディングです。

気になってＷｅｂで、「ゲーム　エンディング　感動」というキーワードで検索してみると、多くの人が、最も感動するゲームのエンディングについて激論を交わしていました。そして、私以外にもゲームのエンディングで涙を流す人がたくさんいることを知ったのです。

多くの人にとってゲームのエンディングは、ミッション（クエスト）をクリアしたことに対するごほうびとして受け止めているようです。

こうした報酬があることも、人をゲームに夢中にさせる大きな要素でしょう。

囲碁、将棋、麻雀にも共通する4つの特徴

以上、私のこれまでのゲーム体験から、人が夢中になるゲームの特徴を考えてきました。

9ページに、その特徴を整理しておきます。


まず①ですが、「何をしたらいいか、わかりません」、「どうやればいいか、わかりません」というのでは、ゲームを始めることはできません。

ゲームの特徴として、やるべきことが明確になっている、という点を外すことはできません。

そしてゲームでは、ランキング、得点、レベル、経験値、体力バロメーターなどが常に〝見える化〟されています（9ページの②）。

それによって、前進しよう、向上しようという気持ちがかき立てられます。

さらに、ゲームでは何かをやれば、必ず何らかの反応が返ってきます（9ページの③）。それ

は、他人からの承認や称賛といったものも含みます。

こうした即時フィードバックによって、自信を得たり、リベンジしようという気分が高まります。
④も欠かせない点ですが、ごほうびや報酬は、お金やモノだけではありません。「よくやったね！」、「すごいぞ！」と、他人にほめられるような心的報酬も、立派なごほうび、報酬になります。

多くの人が夢中になるゲームには、この４つの要素が欠かせないと思うのですが、それはコンピューターゲームばかりではありません。

昔からある囲碁や将棋、麻雀などでも、地味ですがこの４つの要素が揃っています。

まず、ルールを覚えるのは少し大変ですが、やるべきことは明確に決まっていて、そんなに複雑な動きがあるわけではありません。

ゲームの状況は、目の前の盤面で一目瞭然であったり、麻雀では点棒ですぐわかります。

そして一手進めるごとに、機械音は鳴りませんが、相手が「うっ」とか「ああ」と苦しそうな表情をしたり、微妙に笑ったりするのを見て、こちらの手に対する反応を感じることができます。

そして、もちろん勝敗は明確であり、勝てばごほうびがあったりします。

【面白さを感じるゲームの特徴】

① 何をすべきかが、明確になっている

↓

目標、課題、アクションの明確化

② 自分がいまどういう状態なのかが、すぐにわかる

↓

現状、現在地、実力の見える化

③ アクションに対して、すぐに反応がある

↓

即時フィードバック

④ ゴールしたり達成すると、感動できたり、ごほうびをもらえる

↓

達成感および達成に対する報酬の魅力

2 ボウリングやゴルフが長く人気を保ってきた理由とは

やるべきことがシンプルで参加する敷居が低い

ボウリングやゴルフは、老若男女が楽しめ、愛好者の多いスポーツです。このスポーツも、前ページにあげた４つのゲーム的要素が面白さの源泉であり、長く人気を保っている理由だと思います。

以下、少し詳しく見ていきましょう。

まず、「①何をすべきかが、明確になっている」という点です。

ボウリングでもゴルフでも、上達するには時間がかかりますが、何をしたらよいかを理解するのに、そう時間はかかりません。

ボウリングなら、「ボールを転がして、あそこにある10本のピンを倒すんだ。より多く倒せた人が勝ちだ」という説明があれば、すぐにスタートできます。

ゴルフをはじめてやる人にも、次のような説明で十分でしょう。

「いいか、あそこに旗が立っているだろう。あの旗の下に小さい穴があるんだぞ。この棒でボールを打ってあそこに入れるんだ。それまでにボールを打った数の少ない人が勝ちだ」

いずれも、やるべきことはシンプルです。事前に入門書を読んで勉強しなければ参加できないというゲームではありません。

スコアを付けることによって競争心に火がつく

次に「②自分がいまどういう状態なのかが、すぐにわかる」という点ですが、ボウリングもゴルフも、スコアがその役割を果たしています。

ボウリングは、ゲームの途中に仲間のスコアも見ることができるので、「お！ あいつとあと3ピン差だ」、「次にストライクを取ったら逆転できるぞ」とすぐにわかって盛り上がるわけです。

もしスコアがなかったら面白くも何ともありません。ただ重たいボールを何度も投げてピンを倒していて楽しいでしょうか。ゲームどころか苦行です。

ゴルフの場合も、スコアのない状態を想像してみてください。

「とにかく、あの穴にボールを入れたらいいんだぞ。何回打ってもいいぞ」と言われて、やる気が出るでしょうか。

「え？　ただ打っていくんですか？　何回打ったか数えなくてもいいんですか？　何のために穴にボールを入れるんでしたっけ？　そもそもなんでこんな山の中で、みんなでこのボールを小さい穴に入れるんでしたっけ？」ということになってしまいます。

★仲間が反応してくれ、成績優秀者にごほうびがある

「③アクションに対して、すぐに反応がある」という点については、ボウリングもゴルフもいっしょに遊んでいる仲間の反応があります。

だれでも経験があると思いますが、ボウリングでストライクを取ったら、仲間から「ナイスストライク！」と言われたり、「イェーイ！」とハイタッチをされます。

逆に仲間がストライクを取ったら、自分も同じようにします。

ストライクを取って、「やったぜ！」と思って得意気にパッと振り返ったら、だれも見ていないでおしゃべりしていたり、見ていてもシラーっとしていたら、かなり落ち込みます。

それではゲームとして、まったく盛り上がらないことをみんな知っているので、〝お約束〟として、「ナイス ストライク！」と言ったり、「イェーイ！」とハイタッチするのです。

ゴルフも同じです。いっしょにプレーしているメンバーどうしで「ナイスショット！」とか

「ナイスアプローチ！」と声を掛け合うことで盛り上がります。

せっかくいいショットを打っても、だれも何も反応してくれなければ、シラケてしまいます。仕方ないから自分で小さい声で「ナイッショー」と言うのでは悲しすぎます。

「④ゴールしたり達成すると、感動できたり、ごほうびをもらえる」という点は、たとえば、社内行事でボウリング大会をやったり、ゴルフのコンペをやれば、表彰式があったり、賞品が出るケースも多いでしょう。

賞品がなくても、「優勝おめでとう」と言われるだけでもうれしいものです。

こんなボウリングやゴルフはやりたくない！

私たちはそれほど深く考えず、ボウリングやゴルフを楽しんでいますが、もし以上の4つの要素がなければ、いかに面白くないか、おわかりでしょう。

「あのピンをとにかく倒す、ただそれだけ」というボウリングなら、「腕が疲れるだけじゃないか」ということになってしまいます。

ゴルフも、全ラウンドを回り終えても何もない、表彰式をやりたくても、スコアも付けてないから順位もわからないとなると、何のために山の中を歩いてボールを穴に入れたのだろうということになってしまいます。

やっていることは同じでも、こんなボウリングやゴルフは少しも楽しくありません。

つまり、重いボールを投げてピンを倒したり、クラブでボールを打って穴に入れること自体が楽しいのではなく、４つの要素が盛り込まれているから仲間で盛り上がって、「おい、もう1ゲームやろうぜ」とか、「もうハーフやろうぜ！」ということになるのです。

さらに考えていくと、何をやるにしても、この４つの要素が揃っていれば、ボウリングやゴルフのように夢中になれるということです。

【ボウリングやゴルフの面白さの源泉】

① 課題の明確化

↓

やるべきこと、勝敗の決め方がシンプル

② 現状の見える化

↓

スコアによって、状況が客観的にわかる

③ 即時フィードバック

↓

プレーをするたびに、仲間の反応がある

④ 達成報酬の魅力

↓

勝つと称賛されたり、賞品をもらえたりする

Part 2

「仕事のゲーム化」で若手もベテランも目の色が変わる

1 仕事にゲーミフィケーションの4条件を盛り込む

「ゲーミフィケーション」とは

理屈抜きに人を夢中にさせるゲームづくりのノウハウを、ゲーム以外の分野に応用して、楽しみながら自ら進んで取り組む仕掛けをつくり出すことを**「ゲーミフィケーション」**といいます。

Ｐａｒｔ１で述べてきた、人が夢中になるゲームの４つの要素は、ゲーミフィケーションを成立させる４つの条件（以下、**ゲーミフィケーションの４条件**）といえるでしょう。

①課題の明確化
②現状の見える化
③即時フィードバック
④達成報酬の魅力

――この４条件は、どんな取り組みでもゲーム化することができる最低条件ととらえることができます。

そこに、ゲームの要素を仕事に持ち込んで（**仕事のゲーム化**）、働く人びとのモチベーションを高めるヒントが隠されています。

ただ、労働にゲーム的な要素を取り入れ、働く人のモチベーションにはずみをつけ、成果を高めようとする発想はけっして新しいものではありません。昔からそうした取り組みは行われていました。

有名な、木下藤吉郎（のちの豊臣秀吉）の清洲城三日普請はその好例といってよいでしょう。多少の脚色が入っているでしょうが、小瀬甫庵の『太閤記』、山岡荘八の『豊臣秀吉』を元に、簡単にご紹介します。

信長を驚かせた木下藤吉郎の清洲城三日普請

戦国時代、織田信長の居城、清洲城の城壁が洪水で崩れた際に、織田家の重臣が修復工事の監督に当たりましたが、だれが担当しても遅々として進みません。そこで、手をあげたのが木下藤吉郎です。

工事を請け負った藤吉郎は、全部で百間（約１８０メートル）ある城壁を10区画に分割して、それぞれの組に人夫を割り当て、賞罰を明確にして競争させました。

藤吉郎は各組に対して、担当区画に下から上へ土を積み上げるよう工事の指示を出しました（①**課題の明確化**）。

こうして、その日積み上げた土の高さで、各組の成績（工事の進捗具合）が一目でわかるようにしたのです（②**現状の見える化**）。

さらに、通常百文の日当を、その日一番高く積み上げた組には5倍、二番目の組には4倍、三番目の組には3倍にし、その日のうちに支払いました（③**即時フィードバック**）。

そして予定より早く完成させたら、日当とは別にほうびを出すことを約束しました（④**達成報酬の魅力**）。

すると、それまで遅々として進まなかった修復工事が、わずか3日で完成したというのです。

それを聞いた信長は、藤吉郎の才に感心し、ほうびをはずんだといいます。


完成までの日数は文献によって諸説ありますが、藤吉郎が他の重臣たちのだれもがなし得なかった工事を、短い期間で完了させたことは間違いありません。

藤吉郎には、「ゲーム化」などという発想はなかったでしょうが、下積み時代の経験から、人夫を動機付け、集団のパワーを発揮させるには、こうしたやり方が効果的だということをよく知っていたのでしょう。

【木下藤吉郎の清洲城三日普請】

☆度肝を抜かれた入社早々の仮装スゴロク朝礼

話は一気に平成の世に戻ります。

私（清永）は、大学を卒業して株式会社リクルート映像という会社に入社しましたが、入社早々度肝を抜かれました。その会社では、「仮装スゴロク朝礼」というものが行われていました。朝からスゴロクです。おまけにそれを仮装してやるのです。

この朝礼は、新たに制作した新卒内定者向け教育ビデオの発売記念キャンペーンを活性化させるために行われていました。当時は航空会社のマイレージキャンペーンが登場しはじめた頃だったので、それをもじったキャンペーン名が付けられていたことを覚えています。

「仮装スゴロク朝礼」のやり方は、半端ではありません。まず、オフィスの壁一面に模造紙を貼ります。その模造紙にはスゴロクが書き込まれています。

そして、新商品紹介のためのアポが取れたら1マス進む、新卒採用担当者にビデオを見てもらえたら同じく1マス進む、見積書を提出したら2マス進む、新卒採用責任者にプレゼンテーションができたら3マス進む、と細かくルールが決められています（**①課題の明確化**）。

そのスゴロクはチーム戦で競うのですが、チーム名は、「トップガン」とか「紅の豚」といった遊び心のある名前が付けられ、それぞれ自分たちのチームを表すジェット機、セスナ、戦闘機などの形をしたコマをダンボールで作ります（②**現状の見える化**）。

そして毎日の朝礼で、先のルールに従ってそのコマを動かすのですが、そのとき、なんとコスプレをするのです。

いい歳をした社員が、キャビンアテンダントや機長のコスプレをして、「あー、紅の豚チームが、トップガンチームをついに抜き去りました」などと、全員が見ている前で面白おかしくアナウンスをしながら、コマを動かすのです（③**即時フィードバック**）。

そして、トップ賞のチームには、確か関連会社からグアム旅行をプレゼントされたように記憶しています。その表彰式もまた大騒ぎです（④**達成報酬の魅力**）。

新卒内定者向けの教育ビデオは、当時、競合商品が少なかったこともあり、新卒採用責任者にきちんと説明することができれば、かなり高い確率で購買につながりました。

さらに、仮装スゴロクキャンペーンによって全員が高いモチベーションで販売に取り組んだこともあり、目標を大きく上回る販売実績を記録しました。

面白おかしく仕事をやることが最終目的でない

大学のサークルよりもサークル的なノリのこのふざけた朝礼に、最初は度肝を抜かれました。

社会人になって、これからまじめに頑張って仕事をしようとしていた私は、正直なところ、「えらい会社に入ってしもた……」と思ったものです。

しかし、引き気味だった私も、やがてこの朝礼の〝魔力〟にハマってしまいました。そして楽しさにつられて、ゲームに勝つために新人ながらずいぶん頑張って仕事をしたことを覚えています。

新人だった私は営業のイロハもわからず、未熟そのものでしたが、ゲームに勝ちたい一心でアポを取りまくり、数多くの会社を訪問しました。

ただただ夢中で駆け回っていましたが、気がつくといつの間にか、まったくものおじすることなく、どんな会社へも訪問できるようになっていました。

最終的に、15社ほどにこの新商品を購入していただきましたが、新人としては抜群の成績だったと記憶しています。

当時のことを思い起こしてみると、毎朝の仮装スゴロク朝礼が楽しかったという思い出がありますが、その朝礼によって自分が成長し、実際の成果に結び付いていたことに気づかされます。

これは私の実体験であり、生々しい実感なのです。

人材輩出企業といわれるリクルートの良さは、このように一見ばかげているようなことも一生懸命やるところにあるのだと思います。

こうしたやり方が、他社にもそのまま当てはまるかどうかはわかりません。少し特殊な行き過ぎた事例かもしれませんが、何十年も前から、仕事のゲーム化で成果をあげていた会社があったことは間違いないのです。

木下藤吉郎の清洲城三日普請もこの新商品キャンペーンも、仕事であってゲームではありません。

しかし、ゲーミフィケーションの４条件を上手く取り入れることで、働く人の取り組みが活性化し、仕事の生産性が上がったのです。

2 社員のモチベーションを高める新しい仕掛けを

なぜいま、「仕事のゲーム化」なのか

自らの仕事が成果につながっていると実感できたとき、人はいっそう頑張ることができます。その意味において、頑張れば着実に成長できたかつての時代は、働く人のモチベーションを高く保つことが比較的容易でした。

ところがいまは、みんなが手を抜かず頑張って仕事をしても、以前のように会社が成長するのがむずかしくなっています。

そのため、自分が携わっている仕事の意味や自分自身の存在意義を、なかなか見出せない人が増えています。

仕事というものは嫌々やってもロクなことがありません。面白い、楽しいと思って夢中で仕事をすることは、本人にとっても会社にとっても、非常に素晴らしいことだと思うのです。

ゲームには、〝魔力〟とも言えるような力があり、時間をつぶす娯楽以上に人間にとってのさまざまな効用があります。

面白い、楽しいと思えることはもちろん、「やればできる！」といった自信が得られたり、自分のレベルアップ、成長を実感できたりします。

ただそれが、ゲームの世界だけで終わってしまうのは、あまりにもったいないと私は思うのです。

何とかこのゲームの力、効用を仕事の分野に応用できないか、つまり**「仕事のゲーム化」**を真剣に考えるべき時期に来ていると思います。

その背景には、急激な経営環境、労働環境の変化があります。その変化のなかで働く人のモチベーションを高める新たな仕掛けが求められています。

人材の確保がむずかしくなる時代へ

わが国の総人口は２００５年から減少に転じていますが、15歳から64歳までの生産年齢人口は、１９９０年代の後半から減少が始まっています。

当時はバブル崩壊後のリストラ時代で、大企業では人員削減が進み、新卒の採用は縮小されて「就職氷河期」と言われた時期でした。どちらかといえば、人が余っている状態だったので、現役世代の減少が人材不足に直結しませんでした。

しかし、団塊の世代が一斉に定年退職を迎える時期に差し掛かったこともあり、２００５年あたりから大手企業を中心に採用数を増やす動きが出はじめました。そして、２００６年、２００７年の新卒採用は売り手市場に逆転しました。

その後、リーマン・ショックなどの影響によって、再び新卒採用は買い手市場になっていますが、今後景気が持ち直してくると、大手企業の新卒採用意欲が再び高まってくることが予想されます。

若年人口が減っているところに大手企業の大量採用が始まれば、中堅・中小企業の人材確保は非常に厳しい状況になります。

優秀な学生は５社も６社も内定を取りつけ、どの会社に就職しようかと選んでいるのに対して、企業側はいつ内定を辞退されるか戦々恐々としている事態に陥るのです。

さらに、ようやく確保した優秀な人材を、将来の幹部社員として順調に成長させるには、企業側も相当の努力が必要になってきます。最近は、就職してもその会社に骨を埋めようと考えている人のほうが少数派になっているからです。

「最近の若い連中はすぐに会社を辞める」ということがよく話題にされますが、厚生労働省の調査を見ると、「大卒の新卒社員は入社後３年以内に３割辞める」という実態がはっきり示されています（左ページの図参照）。

【大卒新卒社員の入社3年以内の離職率】

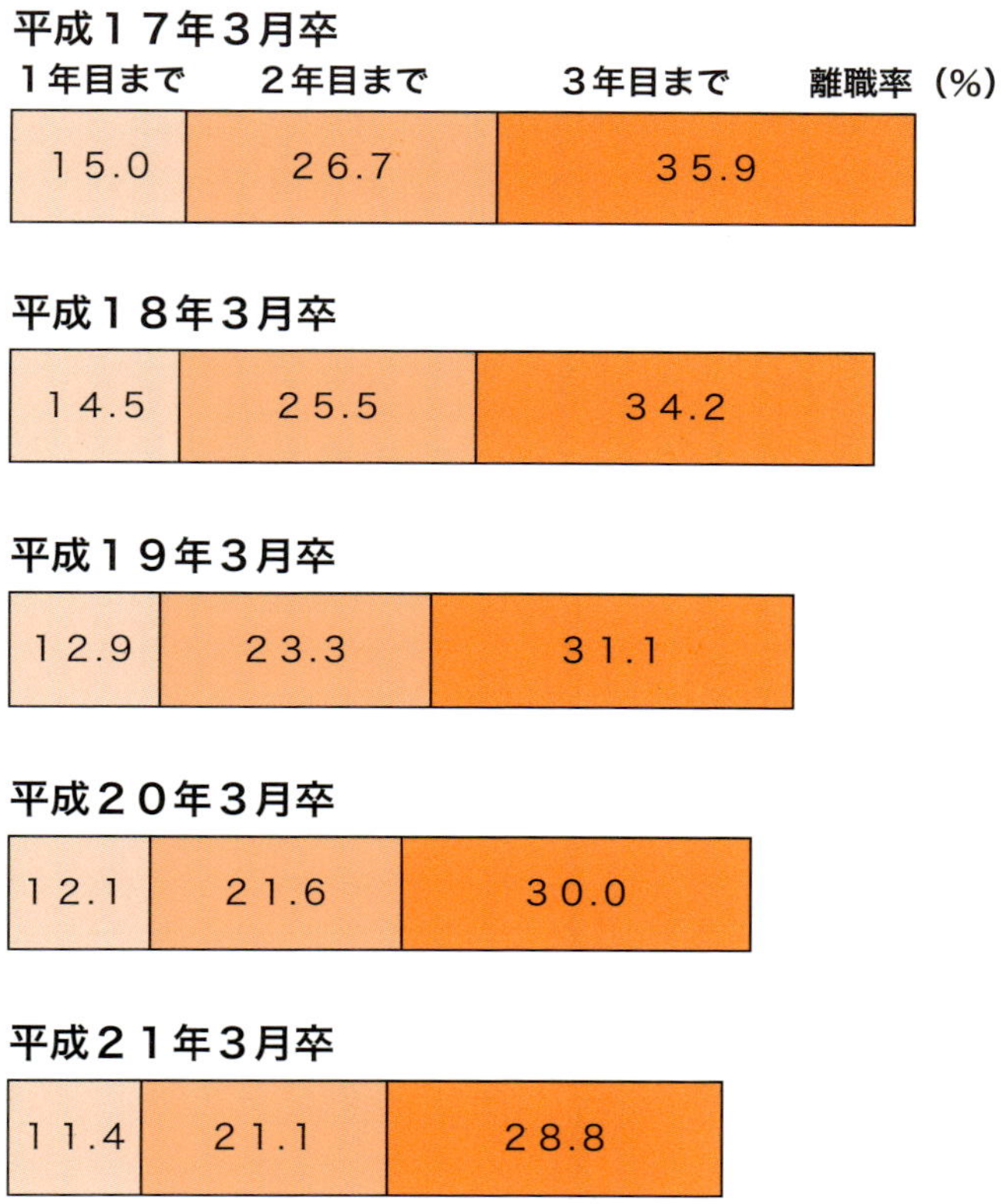

（注）「2年目まで」の数値は、1年目までの離職者を含む2年目までの離職率。
「3年目まで」の数値は、2年目までの離職者を含む3年目までの離職率。

厚生労働省・新規大学卒業就職者の離職状況調査

彼らは、先輩や上司に悩みを打ち明けたり、相談したりすることなく、退職届を提出して黙って会社を去っていきます。

☆「ゆとり世代」のやる気をどう引き出すか

最近の若い人を指して、「ゆとり世代」とか「草食系」という言葉をよく聞きます。

１９８７年生まれ以降が「ゆとり世代」と呼ばれるそうですが、すでにこの世代が社会に出てきています。

「草食系」というのは、元々は恋愛に対して消極的な男性を指した言葉のようですが、最近は温室育ちというか、いまひとつ元気がないというか、ガッツがない、覇気がない若い男性を指す言葉になっています。

あなたの会社にも、こういう若い世代の社員がどんどん増えているのではないでしょうか。

彼らにどう接していいか悩んでいる管理職の方も多いと聞きます。

「覇気がないぞ！　もっとやる気を出せ」とでも言おうものなら大変です。「パワハラです」、「人格否定されました」と言われかねません。困ったものです。

そういう若い世代が、何事に対してもガッツがないかというと、そうではありません。目の色を変えて夢中になっていることもあります。たとえば、ゲームです。

つまり、彼らに意欲やガッツがないのではなく、仕事にはゲームのように熱くなれるものがないだけなのです。

そう考えると、仕事に対して彼らをどう動機付ければよいかという問いに、ゲームは明確な答えを示してくれます。

読者のなかには、若者が夢中になってやっているゲームに嫌悪感を抱く方もいるかもしれません。

しかしゲームには、人を魅了し、虜《とりこ》にする力があることを否定する人は少ないでしょう。この力を仕事に活かすことを、ぜひ考えていただきたいのです。

「仕事のゲーム化」は、若手社員を引き止める切り札

「仕事をゲーム化する」方法論については、Ｐａｒｔ３以降で詳しく説明していきますが、すでにそうした取り組みを始めている会社では、若い社員のモチベーションに明らかな変化が見られるようになっています。

ある会社の社長さんは、こんな話をされていました。

「『夜遅いから、仕事を切り上げて早く帰れよ』と言っても、若い社員は仕事をやめようとし

ないんです。なかには徹夜する社員もいます。

『え？　徹夜したの？　徹夜なんかするなって言っただろう』と言うと、『ついつい面白くて、寝るのを忘れていました。いけませんか？』という答えが返ってきます」


もちろん、この社長さんは社員を徹夜で働かせたいわけではありません。過労死でもしてしまったら大変です。

しかし、考えてみてください。徹夜でゲームをして過労死した人の話を聞いたことがあるでしょうか。本人が面白い、楽しいと思って自ら夢中で取り組んでいることで過労死することはありません。

自分はやりたくないのに、その気持ちを抑えて嫌々やっていると、人は体調不良になったり精神が不安定になったりするのです。

しかし、本人が自ら進んで取り組むときは、少々睡眠時間が少なくても、少し体がきつくても、なにしろ気力が充実していますから問題ないわけです。

長時間労働をするかどうかは別として、こういう仕事ができる会社なら、だれでも長く働き続けたいと思うのではないでしょうか。

ベテラン社員が企業変革の足かせに

頑張るだけでは成長できない時代は、既存の商品を既存の顧客に販売しているだけでは売上は下がる一方です。

そのため、新規顧客や新規チャネルを開拓していく、新規の商材を販売していく、といった新しい取り組み、チャレンジを行うことを避けては通れません。

そのことを企業経営者のだれもがわかっていますが、「そうだ！　すぐにチャレンジしよう！」という話にはなかなかなりません。

「チャレンジしたいのは山々だけど、ベテラン社員がどうも……」と、みなさん顔を曇らせます。

つまり、新しい取り組みを行う方針を掲げるものの、ベテラン社員が拒否反応を示して、なかなか前に進めないことが多いのです。

いま、ベテラン社員が置かれている立場は大変厳しいものがあります。技術の進歩やビジネススタイルの変化によって、過去の経験が通用しなくなったり、〝ベテランの知恵〟として重宝がられていたものが見向きもされないということも増えています。

そうしたなかで自信を失いつつあるベテラン社員ですが、チャレンジの必要性は、みんな頭では理解しています。

「わかっています。うちの会社にとって重要な取り組みだと認識しています」と、口々に言います。しかし、いざ実行段階になると、なかなか腰を上げようとしないのです。

「仕事のゲーム化」は新しい取り組みの実行エンジンになる

「わが社には新しい取り組みが必要だ！」とあるべき論を説いて、社員がすぐに実行してくれるなら苦労はありません。社長は「さっさとやってくれ！」と言えばよいだけです。

ところが、「さっさとやってくれ！」と言っても、なかなか実行してくれないベテラン社員を動かすのは大変です。

ベテラン社員にかぎらず、人は何か新しいことに取り組むときには、どうしても負荷（初動負荷）がかかります。

たとえば、人事異動で新しい部署に移り、これまでやったことのない仕事を任されたときには、だれでもプレッシャーを感じるでしょう。

そういう負荷を少なくするには、取り組みのハードルをできるだけ低く設定することです。まず始めさせる、やらせつづける、「自分でもできるんだ」と自信を持たせる……、そうしたことにゲームの力はとても有効です。

つまり、新しいことに取り組む際に、「仕事のゲーム化」が〝実行エンジン〟の役割を果たし得るのです。

読者のなかには、ベテラン社員には「仕事のゲーム化」はなじみにくいと思う方もいるかもしれません。

しかし、「仕事のゲーム化」の取り組みを始めた前述の社長さんは、こう話していました。

「意外にも、若手社員よりもむしろベテラン社員のほうが率先して取り組んでいましたよ。麻雀やゴルフに親しんできた世代ですから、そのノリで楽しんでいたのでしょう。それとも、たとえゲームであっても若者には負けたくない、年長者の実力を見せつけたいという心理も働いたのでしょうか」

ゲームの力をうまく仕事に応用し、若手社員もベテラン社員も自ら楽しみながら、進んで仕事に取り組むことができる。そして、組織が活性化し、業績が向上する。こうした「仕事のゲーム化」には大きな可能性が秘められています。

Part 3

「仕事のゲーム化」と可視化経営への取り組み

1 会社の仕事をゲームにすることができるのか

やるべきことと報酬が明確な会社の仕事

Ｐａｒｔ１の９ページに掲げた「面白さを感じるゲームの特徴」を、Ｐａｒｔ２で「ゲーミフィケーションの４条件」と位置付けましたが、再度左ページに掲げます。

これまで、会社の仕事とゲームを結び付けて考えたことなどないかと思いますが、この４つの視点から仕事を考えてみてください。いかがでしょうか。

まず、**「①何をすべきかが、明確になっている」**です。

朝出社して、「今日は何をしたらいいかわからない」ということは稀でしょうし、上司から一切指示がない会社など存在しないでしょう。

そして多くの会社には、事業を進めていくための行動計画やアクションプランがあります。

つまり、会社の仕事は「何をすべきかが、明確になっている」といえます。

【ゲーミフィケーションの4条件】

① 何をすべきかが、明確になっている

② 自分がいまどういう状態なのかが、すぐにわかる

③ アクションに対して、すぐに反応がある

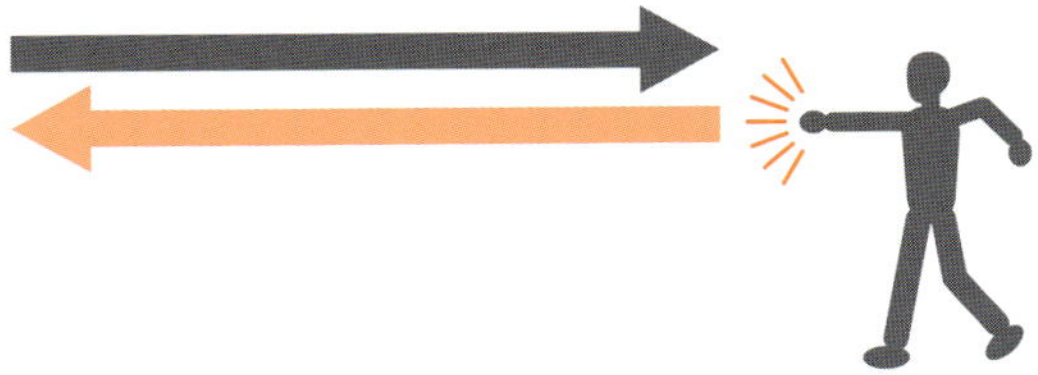

④ ゴールしたり達成すると、感動できたり、ごほうびをもらえる

また、給料やボーナスが出ない会社はありませんから、**「④ゴールしたり達成すると、感動できたり、ごほうびをもらえる」**という条件も満たしています。

こう考えてみると、仕事というものは、ある程度ゲーミフィケーションの条件を満たしていて、ゲーム化しやすいものといえます。

☆「仕事のゲーム化」のためにクリアしたい条件

残りの条件はどうでしょうか。

「②自分がいまどういう状態なのかが、すぐにわかる」という条件ですが、会社の売上や利益の推移がグラフィカルに表示されたところで、それは企業活動全体の結果に過ぎません。

1人ひとりの社員にとっては、自分がいまどういう状況にいるのか――たとえば、他の社員と比べて貢献度が高いのか低いのか、達成すべき課題に対してどこまで進んでいるのか、以前と比べて力がついているのかいないのか、といったことがまるで見えないのです。

「③アクションに対して、すぐに反応がある」という条件についても、経営のあらゆる面でスピード感が不足していると感じます。

多くの会社では、人事考課の内容を社員本人にフィードバックしています。しかし、そのサイクルは半年に一度程度、せいぜい四半期に一度でしょう。歩合給だとしても1か月単位です。

これではとても、〝即時〟フィードバックとはいえません。

たしかに、これまでどおりの企業経営のやり方では、②と③の条件を満たすのはむずかしい面があります。だからどの会社にも、つまらなそうに嫌々仕事をしている社員がいるのかもしれません。

逆にいえば、この2つの条件をクリアできれば、「仕事のゲーム化」を一気に進められるということです。

「仕事のゲーム化」を成果に結び付けるために

誤解のないようにくり返し言っておきますが、仕事にゲームの要素を持ち込むのは、面白おかしく仕事をしましょう、ということが目的ではありません。

もちろん「仕事のゲーム化」には、仕事を面白くする、楽しいものにするという効果があります。しかし最終的には、その取り組みが人を成長させたり、企業の経営戦略の実行を加速させて成果につなげるものでなければならないと思うのです。

Ｐａｒｔ2でご紹介した木下藤吉郎の清洲城三日普請の話や私（清永）が入社した会社の新商品キャンペーンの話でも、そのことはよくおわかりいただけたと思います。

どちらの話も、仕事を面白くする工夫をしていますが、最終的には成果に結びつけています。単に仕事に刺激を与えるだけでなく、時代の変化が激しいなかで経営戦略の実行に向けた動き出しを速くし、成果につなげるためには、戦略もマネジメントも現場活動も、きちんと目で見て確認することができ、組織内で情報が共有されなければなりません。

しかし、多くの会社ではこうした経営活動の可視化が進んでおらず、それぞれがバラバラで分断されています。

そのため、左ページの図に示したような問題がよく見られます。

こうした問題を打破する経営の仕組みとして、私たちは長年**「可視化経営」（経営の見える化）**を提唱してきました。

詳しくはこれから述べていきますが、「仕事のゲーム化」を成果に結び付けるために、経営の見える化は避けて通れない取り組みといえます。

【よく見られる経営活動のバラバラ状況】

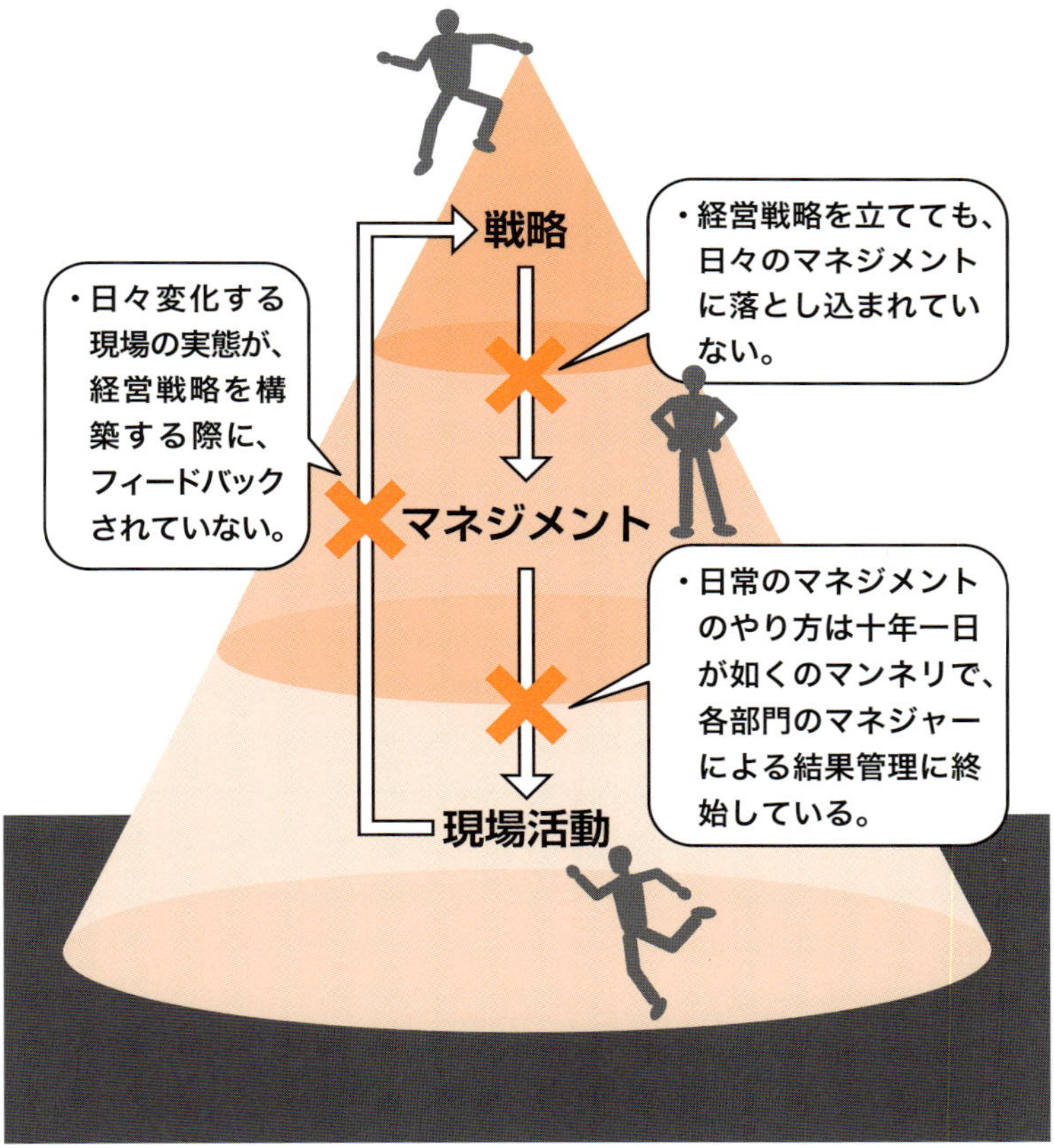
戦略
マネジメント
現場活動
・経営戦略を立てても、日々のマネジメントに落とし込まれていない。
・日々変化する現場の実態が、経営戦略を構築する際に、フィードバックされていない。
・日常のマネジメントのやり方は十年一日が如くのマンネリで、各部門のマネジャーによる結果管理に終始している。

2 経営戦略と現場活動をリンクさせる仕組みを

戦略、マネジメント、現場活動を見える化する

可視化経営（経営の見える化）への取り組みを、一言で説明するのはなかなかむずかしいのですが、いちばん重要なポイントは、戦略の見える化、マネジメントの見える化、現場活動の見える化を実現し、それぞれをリンクさせて、トップから現場で働く人まで全社員が情報を共有できる仕組みをつくるということです。

イメージ的には、企業経営に飛行機の操縦席（コクピット）のようなものを用意しようというものです。

コクピットにはたくさんの計器類が並び、パイロットは速度や高度、燃料の残量など多くのデータを読み取って、飛行状況を把握し、的確な判断をしています。

企業経営も大変複雑化しているので、こうしたコクピットを用意して、自社を取り巻く環境や社内がいまどういう状況なのか、瞬時に〝見える〟仕組みが必要になっているのです（84〜

85ページ参照）。

飛行機を操縦したことのある人は少ないでしょうが、車の運転でカーナビゲーション（カーナビ）を利用している人は多いでしょう。

戦略、マネジメント、現場活動の見える化、それぞれがリンクした仕組みをイメージするのに、カーナビはうってつけです。

カーナビには地図情報が組み込まれていて、行き先をセットすると、そこまでのルートが設定され、道筋が決まります。そして運転中は、ＧＰＳによっていまどこを走っているかが捕捉され、画面上に表示されます。

このようにカーナビは、地図、目的地までのルート、現在位置という3つの情報をつかんでいるため、「あと〇キロ、まっすぐ行ってください」とか、「次の交差点を右に曲がってください」といった指示を出せるのです。

私は以前から、カーナビを使って目的地にたどり着くという行為は、ゲームに似ていると思っていました。

車を運転していると、カーナビからこうしたミッションが次々と出されます。そして、そのミッションをクリアしていくとゴールに到達してゲームクリアとなります。

さらに、指示どおりに左折したら、「ナイス左折！」などと即時フィードバックの反応があったら、カーナビはゲームそのものだといってよいかもしれません。

★「仮説→検証スパイラル」とは

ロールプレイングゲームでは、どうやってお姫さまを救い出そうかとか、このボスキャラをどうやって倒そうかとか、このダンジョン（地下迷宮）をどう迷わずに抜けていこうか、と思案します。

そして、「こうすれば、うまくいくだろう」と作戦を立てて実行します。実行すれば「よし倒せた！」とか「あれ、やっぱり迷っちゃった……」と必ず結果が出ます。

そして、うまくいかなかったらまた作戦を立て直します。

この一連の行為は、仮説を立てて、それを検証することのくり返しです。

可視化経営はこれと同じように、経営戦略という仮説を立て、それを検証していく仕組みといえます。

先に、可視化経営のポイントとして、戦略、マネジメント、現場活動の見える化ということを述べました。

この見える化が実現されれば、仕事をしていてさまざまなことに気づきます。

「あっ、やばい！　あの仕事の準備がまだできていないぞ」とか、「一生懸命頑張ったけど、まだまだ目標数値にはほど遠いな」ということがわかれば、何らかの行動を起こします。

行動を起こせば、必ず何らかの変化が生じます。

そして、戦略、マネジメント、現場活動が見える化されていれば、その変化もすぐに目で見ることができます。するとそこでまた、新たなことに気づきます。

このようなサイクルをグルグルと回すことを、**「仮説→検証スパイラル」**といいます（49ページの図参照）。

経営戦略を日々検証しながら改善を進めていく

この「仮説→検証スパイラル」は、トヨタの「カイゼン」に近い考え方です。

トヨタの「カイゼン」は、英語では「Daily Continuous Improvement」というそうです。「毎日継続的に改善しよう」という意味です。Daily は「毎日」、Continuous は「継続的に」ですから、同じような意味が2つ重なっています。

英語としては、「Daily Improvement」とか「Continuous Improvement」といった表現のほうがすっきりするのでしょうが、あえて「Daily Continuous Improvement」といっています。それほど、くり返し継続的にやり続けることを重視しているといえます。

また、トヨタ生産方式の生みの親といわれる大野耐一氏は、「百見は一行にしかず」と断じています。その意味するところは、次のようなことだと思います。

――「考えてもわからないことも多いのだからまずやってみよう。そしてやってみてダメだったなら、どこがダメだったかを考えてまたやってみよう。それを毎日毎日継続的にやっていこう」

こうした活動を製造現場で実践するのは、もはや当たり前になっていますが、経営全般で実行しようというのが可視化経営の考え方です。

「仮説↓検証スパイラル」が日々グルグルとスピーディに回転していくようになれば、その会社は、経営戦略を日々実行し、日々振り返り、日々修正する〝仮説検証体質〟が定着したといえるのです。

こうした経営の仕組みを備えることが、先の見えない、そして変化の激しい時代を勝ち抜かなければならない、すべての会社に求められています。

可視化経営を実現する7つのステップ

「仕事のゲーム化」を、ただ単に面白おかしく仕事をしましょうという一時的な景気づけで終わらせず、「仮説↓検証スパイラル」をスピーディに回転させ、組織を活性化するための〝エ

【仮説→検証スパイラル】

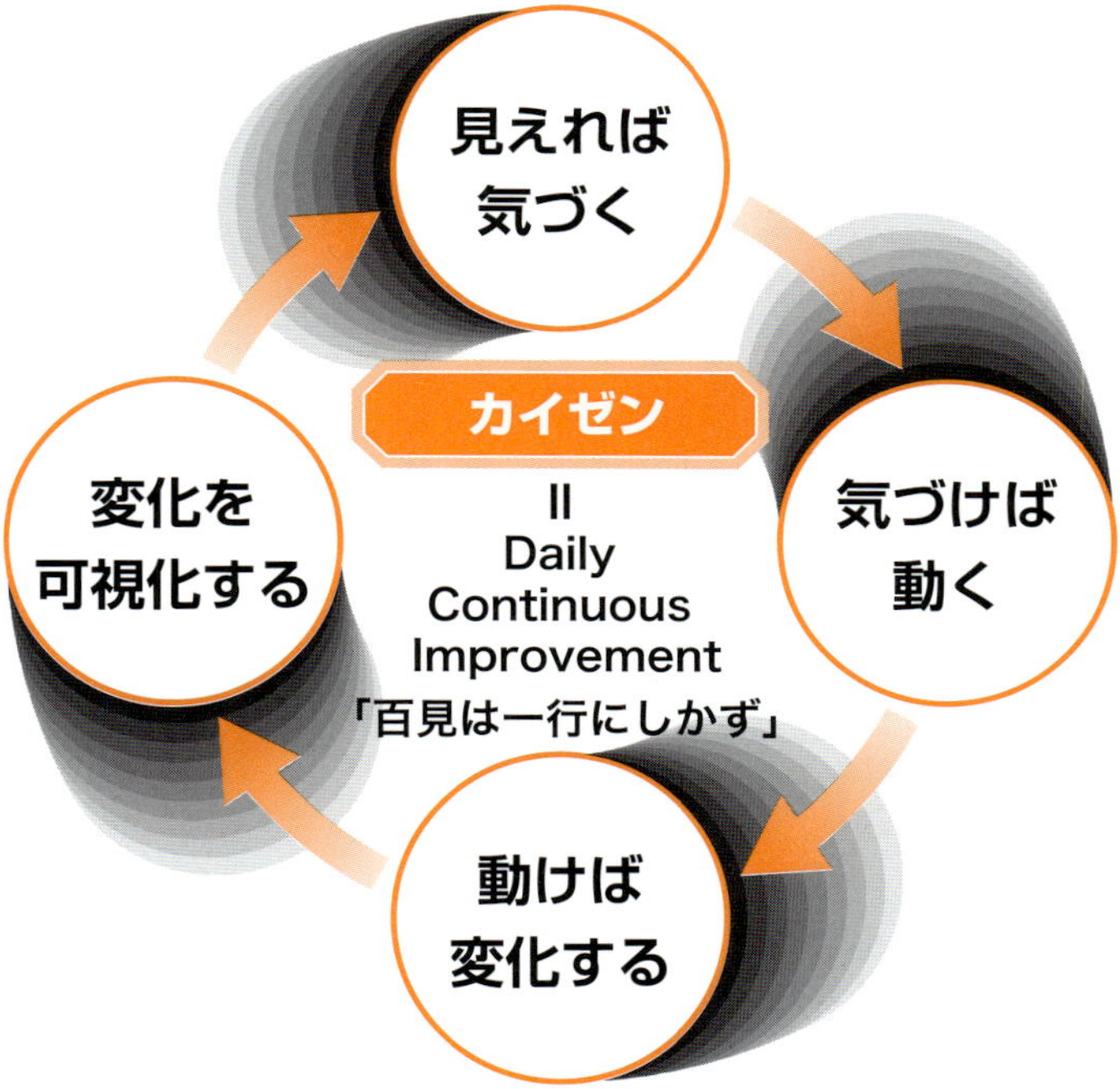

「仕事のゲーム化」で、
このスパイラルをスピーディに回転させる。

ンジン〟にするためには、可視化経営への取り組みが前提となります。

詳しくは後述しますが、その取り組みのなかで、先に説明したゲーミフィケーションの4条件が自ずと経営の仕組みのなかに落とし込まれて、「仕事のゲーム化」のフレームができ上がっていくのです。

可視化経営を実現するためのステップは、左ページのとおりです。

Part4では、この7つステップに沿って概要を説明していきます。

トップダウンでなく、ワークショップ型で作業を進める

7つのステップの作業は、プロジェクトチームを結成し、ワークショップ（Workshop）型で進めるやり方がよいと思います。

一般的にビジョンや戦略といったものは、経営陣↓部↓課↓係という組織のヒエラルキーに従って、トップダウン・アプローチで浸透させていくものです。

しかし、一方的なトップダウン・アプローチは、現場の反対や摩擦を生み出す危険性があります。快く思わないのは、往々にしてこれまで高い業績を上げてきた人たちです。

「ずっと成果を上げ続けてきたのに、なぜ新しいやり方に変えなければならないのか」、「こ

【可視化経営を実現する７つのステップ】

〈戦略を可視化するステップ〉

ステップ１　経営理念・使命を再認識し、顧客への提供価値を考える

ステップ２　20年後の将来ビジョンを描く

ステップ３　ビジョンマップ・戦略マップ・戦術マップを描く

〈マネジメントを可視化するステップ〉

ステップ４　スコアカードを作成する

ステップ５　アクションプランを決める

〈現場情報を可視化するステップ〉

ステップ６　日々の活動情報が吸い上げられるシステムをつくる

ステップ７　経営のコクピットを完成させる

れまで築き上げてきた成功パターンが崩れるのではないか」、「これまで以上の成果を上げる保証がないじゃないか」といった強い抵抗を示します。

だから、このような人たちもプロジェクトに参加してもらい、当事者意識を持ってもらうことが大切です。

本来「ワークショップ」とは、「作業場」、「工房」など、共同で何かを作る場所を意味しています。7つのステップを進めるワークショップを、「参加者が自由に意見交換し、共同作業を行いながら自社の未来を創造する場」と位置付けましょう。

このワークショップ自体、面白いゲームをしているときのように、参加者がいきいきと活動できるようになれば大成功です。

なお、本章で説明してきた7つのステップの詳しい進め方や作業上の留意点などについては、『すべての「見える化」で会社は変わる』(長尾一洋著・実務教育出版刊)、『すべての「見える化」実現ワークブック』(本道純一著・実務教育出版刊)を参考にしてください。

Part 4

「仕事のゲーム化」の
フレームづくり・7つのプロセス

1 会社の将来ビジョンを考えることがすべてのスタート

まず経営理念・使命を再認識し、顧客への提供価値を考える

Part4では、可視化経営を実現する7つのステップ（51ページ参照）に沿って概要を説明していきます。これによって「仕事のゲーム化」のフレームができ上がります。

再度、39ページに掲げたゲーミフィケーションの4条件をご覧ください。条件①は、**「何をすべきかが、明確になっている」**ということでした。可視化経営の実現に向けた最初のステップ（ステップ1）は、この「何をすべきか」の根拠をつくる作業です。

多くの会社では、立派な経営理念を掲げています。しかしその内容は、「顧客満足」とか、「世の中の発展に寄与する」といった、どの会社でも通用するようなものばかりです。

こうした表現では、あまりに当たり前すぎて、「それはそのとおりだけど、どうやって実現するのか」がはっきりしません。いまある経営理念をつくり変える必要はありませんが、もう少し掘り下げて、左ページのようにじっくり考えてみることが大切です。

【経営理念をもっと掘り下げて考える】

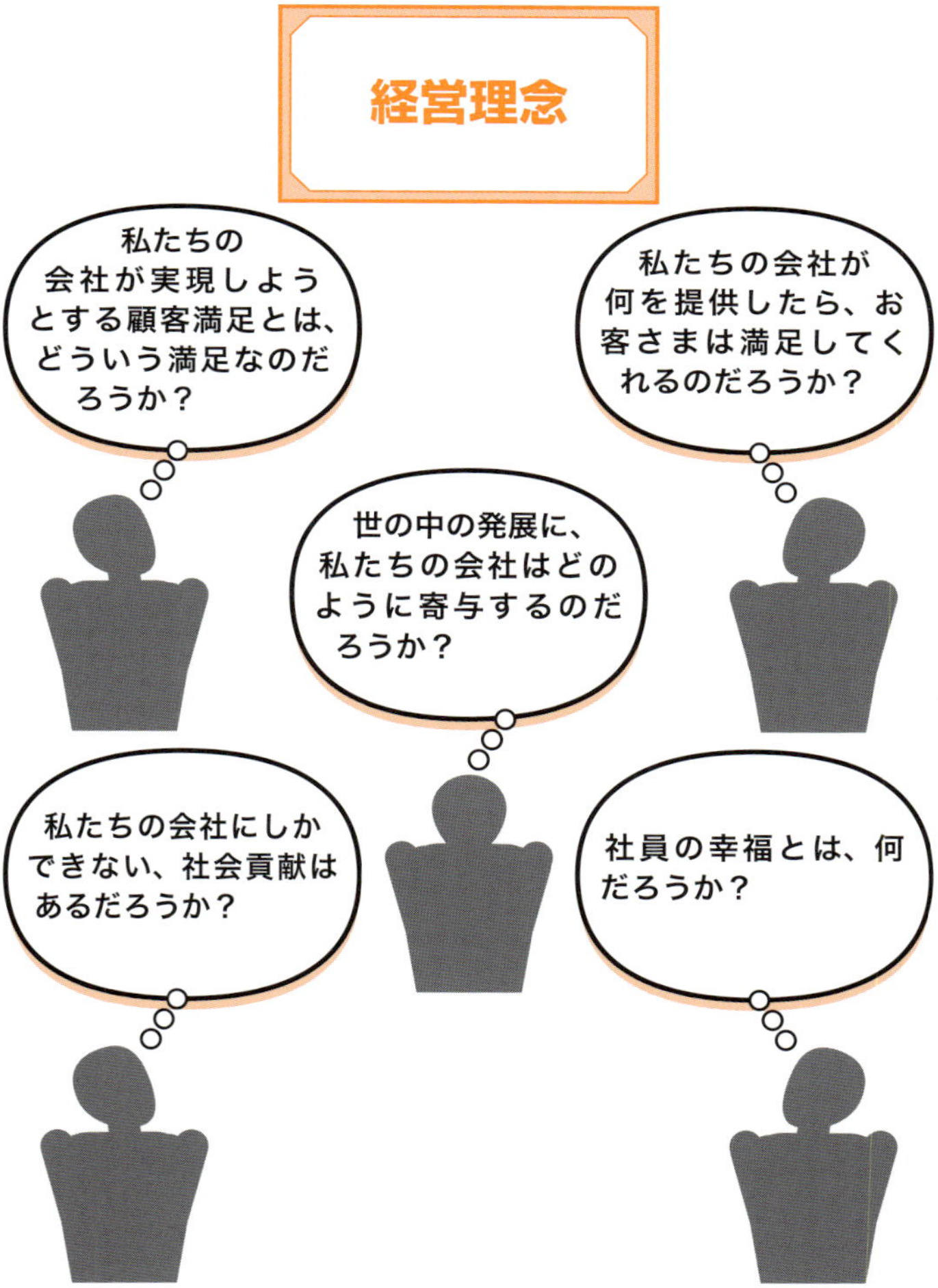
経営理念
私たちの会社が実現しようとする顧客満足とは、どういう満足なのだろうか？
私たちの会社が何を提供したら、お客さまは満足してくれるのだろうか？
世の中の発展に、私たちの会社はどのように寄与するのだろうか？
私たちの会社にしかできない、社会貢献はあるだろうか？
社員の幸福とは、何だろうか？

ここで考えることは、経営理念というより「会社の使命」といったほうがふさわしいかもしれません。米国流にいえば「ミッションステートメント」です。

そして、すべての社員がすっと理解できるレベルにまで落とし込んだ、わかりやすい表現を考えます。

ちなみに、私（長尾）が代表を務める株式会社NIコンサルティングには、明文化した企業目的の文言があります（左ページの①）。しかし私は、社員に対してこの内容を左ページの②のように落とし込んだ表現でくり返し訴えています。

実際に話をするときは、この前後にあれこれ理由や根拠を付け加えるわけですが、「わが社がそもそも何をしようとしていて、それを実現するためにどうしようとしているのか」を、社員に何とかわかってほしいと思っています。

「20年後」にこだわって将来ビジョンを描く意味

最初のステップで確認した理念や使命を果たすために、将来どんな会社であるべきなのか、どうなっていたいのかを考えていくのが**ステップ2**です。

その際、現状のしがらみや現時点での経営資源（人材、商材、資金など）、経営実績にあまりとらわれず、自由に発想を拡げていくことが大切です。

【経営理念をもっとわかりやすく！】

NI コンサルティングの例

①

「私たちは、人と人、人と企業を結ぶことで、新しい価値を生みだし、全ての人々が心ときめき、思いやりにあふれる国際社会を創り上げることを目指します」

↓

②

「日本企業を元気に、そこで働く人たちをハッピーに、中小企業にも IT ツールとコンサルティングを、地方企業にもきめ細かいフォローを」

さもないと、どうしても現状の制約条件にとらわれてしまって、「まずは当面の売上を上げるには……」といった発想になってしまうからです。

そして将来ビジョンには、**「真・善・美」**を感じるストーリーを用意したいものです。「真」とは、本物であるという意味です。「善」は世のため人のためになる社会性のことで、「美」とはその名のとおり、美しく、カッコよくという意味です。

では、具体的に「将来」とはいつごろを想定すればよいでしょうか。ふつうは、「あまり先のことまで考えても仕方ないから」と、5年後から10年後くらいを考えます。

しかし、それぐらいのスパンだと、戦略的にまったくのゼロベースで経営を見直すことはむずかしく、現状の延長線上に目標を設定して、それに向けたビジョンを考えるという中途半端なものになりがちです。

そこで、現状の制約を取っ払うために、もっと先の将来ビジョンを考えます。

といっても、30年も40年も先だと、自分たちがリタイヤした後の話になってしまって、それこそ現実味のない絵空事になりかねません。

そう考えると、20年後くらいの会社のイメージを考えるのがベストだと思います。「２０３０年の会社の姿」とか「２０３５年の会社の姿」といった、その頃のキリのよい年をイメージしてもよいでしょう。

☆「富士山ビジョン」をつくろう

先の「真・善・美」を念頭に、私は、「20年後のビジョンは、〝富士山ビジョン〟にしましょう」と、多くの会社で提唱しています。

「富士山ビジョン」とは、第一に「日本一をめざそう」ということです。できれば世界一が望ましいですが、エリア一（東京でトップ、関西でナンバーワンなど）でも構いません。

そして第二に、富士山のように美しくてカッコいいものにしようということです。どうせビジョンを描くなら、「あ〜、すごいですね」とか、「こうなったら、すばらしいですね」と、人が共感・共鳴できたり、感動を受けるようなものにしましょう。

さらに、ビジョンを見て、何かよいことがありそうだと思えるならベストです。

晴れた日に富士山がパッときれいに見えると、何かいいことがありそうな気がします。そこに陽が昇ってきたら、思わず手を合わせて一礼したくなるのではないでしょうか。

「こんなにも、世のため、人のためになることをめざしているのだから、きっとご利益《りやく》があるぞ！」と思えるようなビジョンを考えましょう。

しかし残念なことに、いろいろな会社に伺って「富士山ビジョンをつくりましょう」と提唱すると、「今日、明日のやりくりに四苦八苦しているうちの会社が日本一なんて……、そんなの無理に決まっていますよ」と、みなさんおっしゃいます。

しかし、けっしてそんなことはありません。断言します。どんな会社でも富士山ビジョンをつくることができます。

いまや世界企業であるグーグルは20年前には存在していませんでした。最近話題になることの多いフェイスブックは、設立からまだ10年も経っていません。

社会経験もない学生がつくったような会社が、わずか10年、20年で世界中を席巻するまでに成長しています。何もない状態で始めても10年、20年あれば、世界企業になれるということです。

そう考えれば、現在どんなに小さい会社でも、すでに事業を行っていて、社員がいるわけですから、必ず富士山ビジョンをつくることができるはずです。

顧客の視点に立ってドメインチェンジを

富士山ビジョンをつくるには、「わが社は何業なのか」という事業ドメインを、いままでにない、他に例のないものに設定できるかどうかが重要ポイントとなります。

「あなたの会社は何業ですか?」と聞かれると、「○○製造業です」とか「○○小売業です」と、政府が定めた日本標準産業分類に準拠したような答え方をする人が多いのですが、これでは他社との〝横並び発想〟からなかなか抜け出せません。

自社が顧客に提供している機能、価値、効用をよく考え、これまで存在しなかった新しい業

【どうせつくるなら、富士山ビジョンを！】

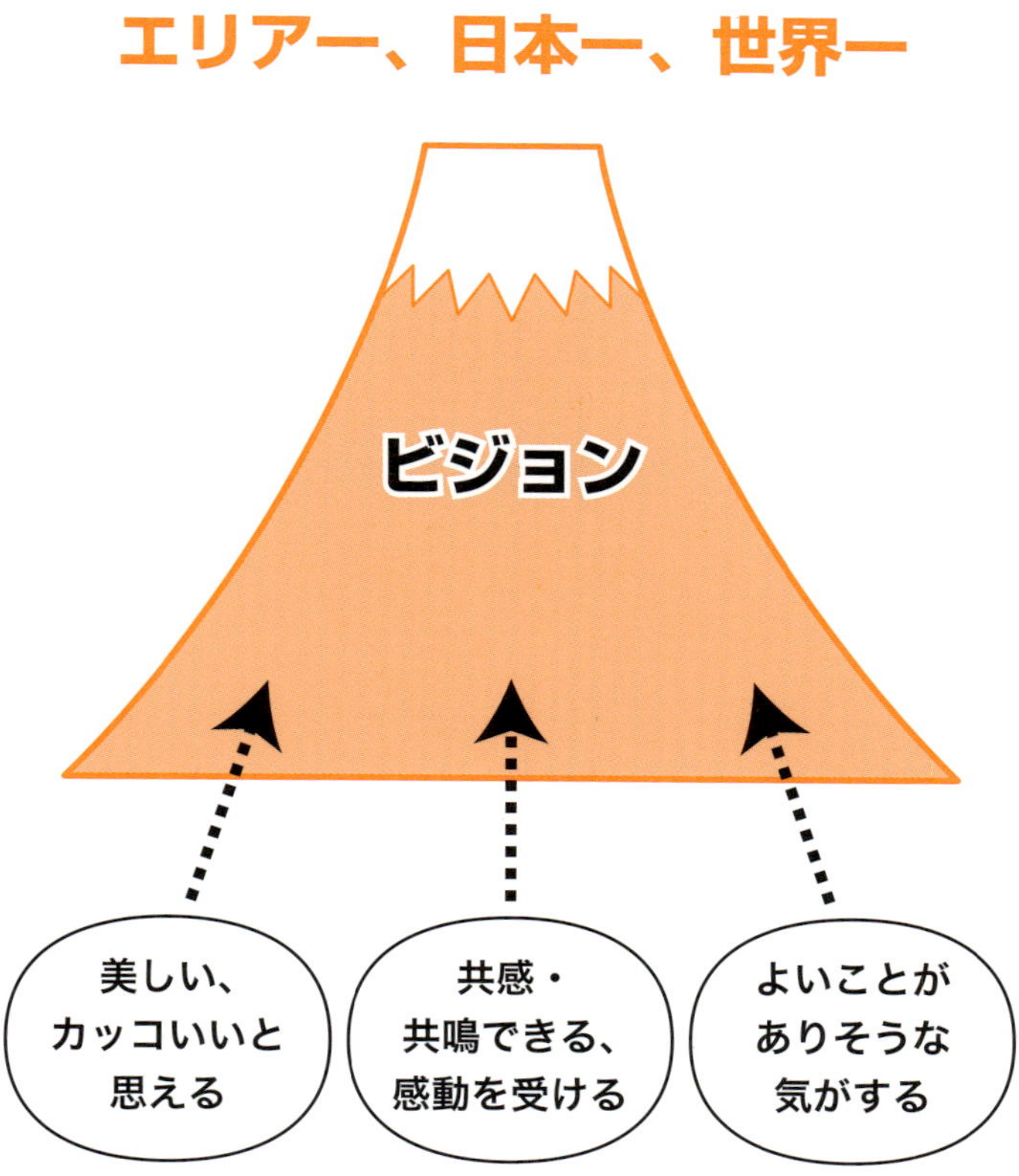

種をつくってしまうぐらいのことを考えましょう。

たとえば、近所にある商店街の魚屋さんを想像してみてください。「いらっしゃい！　いらっしゃい！」と手を叩きながら、毎日一生懸命に魚を売っています。しかし、来店するお客さんは年々減り、売上もジリ貧状態です。

確かにその状態のまま、いきなり「日本一の魚屋になろう」と、富士山ビジョンを掲げるのは、あまりに非現実的です。

まず、発想の転換をしなければなりません。「魚を売る」ということから離れて、店に来てくれるお客さんを具体的に思い浮かべ、何を求めて魚を買いにくるのかを、よく考えてみます。お腹がポコっと出た中年男性の常連客がいたら、「あのお客さんは、ほんとうは肉が好きだけど、メタボ解消のために魚を多めに食べようとしているのかな」と想像してみるのです。

そして魚を多く食べることがメタボ解消に一定の効用があるとしたら、魚屋さんが〝メタボ対策業〟になってもよいのです。

こうした発想を、**物理的ドメインから機能的ドメインへのドメインチェンジ**といいます。

「わが社は何業なのか」という発想を、物理的な商材からその商材が実現する機能に切り替えるということです。

魚屋さんは世の中にたくさんありますが、メタボ対策業といったものは、少なくとも私は聞いたことがありません。

ドメインチェンジをすれば20年後の可能性が開ける

そして、メタボ対策業という意識で考えれば、これまでの魚屋さんの商売のやり方とはがらっと変わってきます。

たとえば、お店にメタボ患者さんのためのレストランを併設するという発想が生まれるかもしれません。もちろんメニューは魚中心ですが、魚と一緒に食べるとおいしい野菜や玄米を提供してもよいでしょう。お肉があっても構いません。霜降り肉のような高カロリーなものはダメですが、カロリーの低い鶏のササミを使った肉料理なら、メニュー化できます。

するとどうなるでしょうか。これまで商売敵だった同じ商店街の肉屋さんや八百屋さんとも手を携えることができます。

またメタボ対策業なら、病院との提携も考えられます。メタボ外来に来た患者さんに、自分たちでつくったレシピ本を配ってもらうとか、定期的に患者さん向けの料理教室を開くなど、さまざまなアイデアが生まれてきます。

ただ「魚を売る」という発想だと、「世のため、人のため」とは思いにくいですが、「メタボで困っている人を助けよう。多くの人の健康に貢献しよう」と考えれば、やりがいも膨らみます。

以上はあくまでもひとつの例ですが、このように独自の領域をつくってビジネスを展開できれば、「日本一」もけっして夢ではないことがおわかりいただけるでしょう。

2 ビジョンマップ、戦略マップ、戦術マップを描く

20年後のビジョンをマップにする

20年後の将来ビジョンが固まり、事業ドメインが設定できたら、ステップ3で、いよいよ「戦略の見える化」の作業を行います。

これは、ゲーミフィケーションの条件①「何をすべきかが、明確になっている」（39ページ参照）状態をつくり出すことにほかなりません。

具体的な作業としては、以下説明する3つのマップを作成します。

まず、ステップ2で考えた20年後のビジョンを「ビジョンマップ」に落とし込みます。

商店街の小さな魚屋さんが、ドメインチェンジをしてメタボ対策業になるという例を紹介してきましたが、67ページに掲げたのは、20年後に売上50億円、経常利益2億円の日本一のメタボ対策業になるというビジョンマップです。

1番上の財務の視点に、その数字が書かれています。そして2段目から下に、その数字を実

現するための方策が、次の3つの視点で示されています。

・2段目：**顧客の視点**……お客さまのどういうニーズに応えていくか。
・3段目：**業務プロセスの視点**……2段目のお客さまのニーズに応えるために、自社にどういう仕組みや取り組み、業務の流れが必要か。
・4段目：**人材と変革の視点**……3段目の業務の仕組みを実行するために、どういう人材、どういうノウハウ、どういう技術が必要か。

このビジョンマップは、次ページに示したAのように、上から下につながる一連のストーリーになっています。さらにこのストーリーは、Bのように下から上に向かっても矛盾なくつながっている必要があります。

このように、ビジョンマップは上から読んでも下から読んでも、ストーリーがきちんとつながる1枚の地図になっていなければなりません。

20年後から逆算して3年後、5年後の戦略マップをつくる

前述したように、現状の制約を取っ払うために、「20年後」にこだわってビジョンを考えた

〈左のビジョンマップのストーリー〉

A

50億円の売上を上げるために、お客さまが持っている○○というニーズに応える必要ある。

↓

○○というニーズに応えるためには、自社内に△△という業務の仕組みを持つ必要がある。

↓

そして、△△という業務の仕組みを上手く回していくためには、□□という人材や◇◇というノウハウが必要になる。

B

○○というお客さまのニーズを満たすことができれば、20年後に売上50億円、経常利益2億円というのはけっして夢ではない。

↑

そして、△△という業務の仕組みを実現できれば、○○というお客さまのニーズに応えることができる。

↑

□□という人材がいて◇◇というノウハウがあれば、社内に△△という業務の仕組みを持つことができる。

【小さな魚屋さんのビジョンマップ】

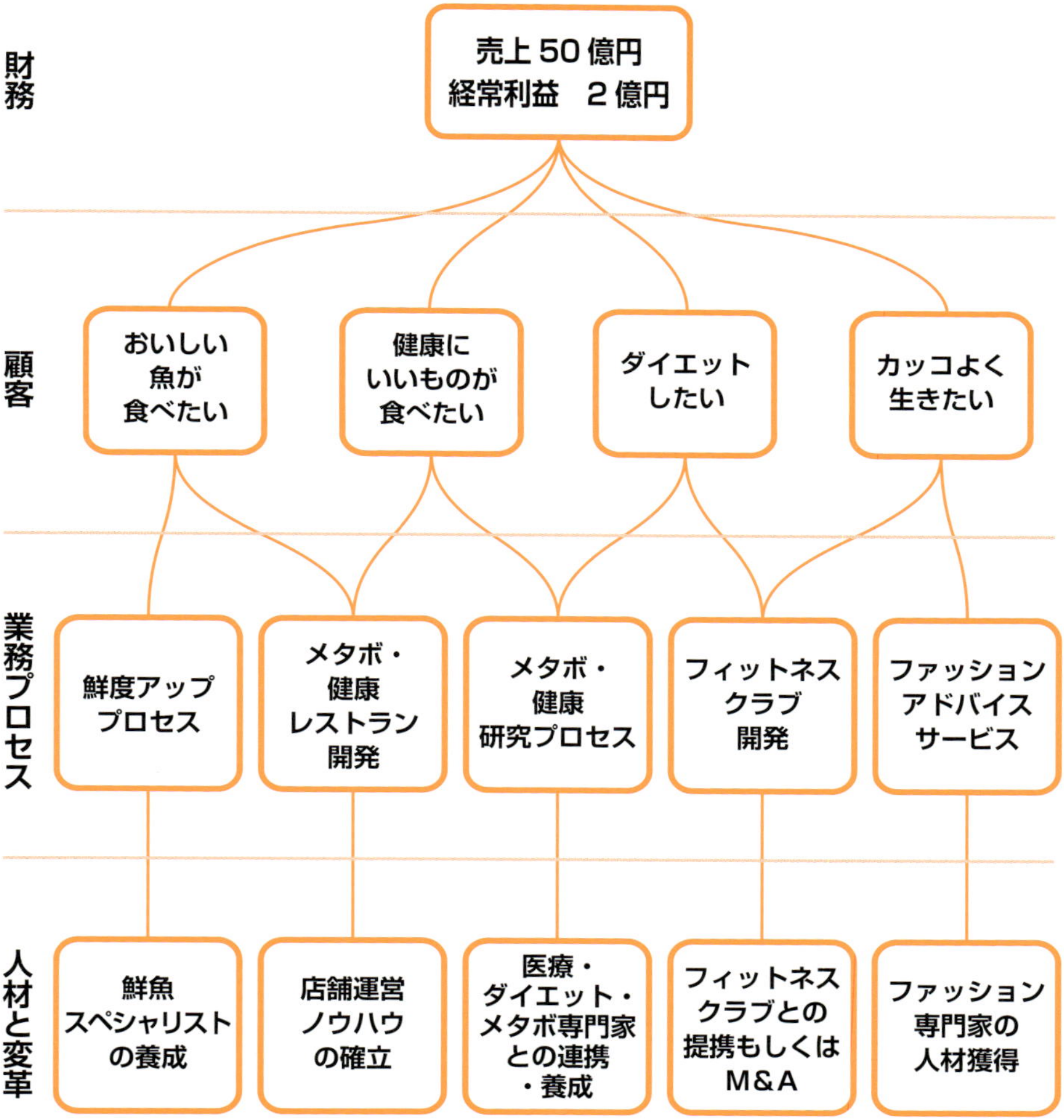
財務
売上 50 億円
経常利益　2 億円
顧客
おいしい魚が食べたい
健康にいいものが食べたい
ダイエットしたい
カッコよく生きたい
業務プロセス
鮮度アッププロセス
メタボ・健康レストラン開発
メタボ・健康研究プロセス
フィットネスクラブ開発
ファッションアドバイスサービス
人材と変革
鮮魚スペシャリストの養成
店舗運営ノウハウの確立
医療・ダイエット・メタボ専門家との連携・養成
フィットネスクラブとの提携もしくはM&A
ファッション専門家の人材獲得

わけですが、当然20年も先となれば不確定要素が非常に多くなります。

そのため、20年後のビジョンマップをつくっても、それが〝絵に描いた餅〟で終わってしまう可能性も十分考えられます。

そこで、現在と20年後をつなぐ架け橋として、ずっと予測の確度が高い3年後もしくは5年後という中期のマップを描きます。これを**「戦略マップ」**と呼びます。

ふつうの企業活動では、その年度のことだけでなく、もっと先のことも視野に入れていろいろ手を打たなければいけないので、単年度の経営計画だけでなく、3年後、5年後を見据えた中期経営計画がつくられます。

しかし、その多くは現状積み上げ型の計画です。現在の業績から毎年○%ずつ成長していくと考えて、3年後、5年後の売上、利益などを計画します。

戦略マップは、現状の延長線上に描くものではなく、20年後のビジョンマップから逆算してつくります。そこが、戦略マップ作成の重要なポイントです。

☆今年やるべきことを戦術マップで具体化する

そして、戦略マップから単年度の方針を示すマップへと、さらに落とし込んで具体化します。

これは、その年度の戦略マップともいえますが、**「戦術マップ」**と呼ぶことにします。

【3つのマップで戦略を見える化する】

ビジョンマップ

現状の制約から離れ、より戦略的に発想するために、20年後を目安に作成するマップ。

戦略マップ

ビジョンマップから3年後、ないし5年後に落とし込んだ中期戦略のマップ。

戦術マップ

単年度の方針、戦術を具体化させ、スコアカードに落とし込むマップ。

戦術マップは、「今年（今年度）は、どういう狙いで何をしていくのか」、「それが日々の活動にどう落とし込まれるのか」を目に見えるようにしたものです。

その内容は具体的なものでなければなりませんが、３年後、５年後の戦略マップとはもちろんのこと、20年後のビジョンマップとも、しっかりつながっている必要があります。

単年度の具体的な戦術マップと20年後の少し風呂敷を広げたビジョンマップとが、きちんと関連づけられることによって、日々の目の前の仕事が20年後のビジョン実現のためにどうつながっているか、実感することができるのです。

なお、以上説明してきたビジョンマップ、戦略マップ、戦術マップを合わせて**「可視化マップ」**と呼ぶことにします。

3 マネジメントの見える化を実現するスコアカード

基準を決めることで問題を意識化させる

ステップ3までは、地図を描いて、目標地点＝ゴールを明示する作業といってよいでしょう。次に、そこに向かうための道筋を決め、その道の途中にある地点までの距離を明示する必要があります。

このステップ4は、**「マネジメントの見える化」**を実現するためのものであり、ゲーミフィケーションの条件②**「自分がいまどういう状態なのかが、すぐにわかる」**（39ページ参照）ようにするために欠かせないものです。

「マネジメントの見える化」を考えるうえで、いちばんのポイントは、**「マネジメントの基準をしっかりと決めること」**です。

マネジメントの基準が明確化されていなければ、いくら仕事の実績を積み上げても、それでいいのか、順調に前進しているのかが見えてきません。

たとえばボウリングは、一緒に遊んでいる仲間のスコアが見えるようになっています。だから、自分のスコアと比較して、「ずいぶん差がついているな」とか、「次は絶対スペアを取らないと追いつかないな」と考えることができ、それでゲームが盛り上がります。

つまり、ボウリングでは仲間のスコアがマネジメントの基準値になっているわけです。これが見えなければ、いかに面白くないか、おわかりいただけるでしょう。

また、基準がはっきりしなければ、自分の仕事のやり方に問題があるのかないのかもよくわかりません。

そもそも「問題」は、人間の頭の中でつくり出される概念でしかありませんから、目には見えません。

目に見えない問題を見えるようにするには、基準をあらかじめ設定して、それと実績を対比させてギャップを認識できるようにしなければなりません。

基準が明確になっていて、現在の状況が見える化されることによって、問題意識のアンテナが働くのです。

スコアカードの「結果指標」と「先行指標」とは

「マネジメントの見える化」を進めるステップ4の作業で活用されるのが、**「スコアカード」**というツールです。前に例としてあげた魚屋さんのスコアカードは74～75ページのようなものです。

カードの左側に「戦術マップ」の欄がありますが、丸で囲まれた1つひとつを**「戦略目標」**といいます。この戦略目標を達成したか、達成していないかを判断する指標を決め、得点を計るルールを決めるものがスコアカードです。

スコアカードをつくる際には、大切なポイントがあります。それは、最終的にほしい結果を指標化した**「結果指標」**の達成率のみを単純に、スコアカードの得点としてカウントするのではなく、結果を生み出すために必要な事前のアクションを指標化してカウントするということです。

具体的にどういうことか、74～75ページのスコアカードの例で説明しましょう。

スコアカードでは、「鮮度アッププロセス」という戦略目標は、廃棄ロスが5％以下の状態を維持すれば達成できることを示しています。

この場合、結果指標である「廃棄ロスを5％以下にする」ということに対する達成度合いのみを得点としてカウントするのではなく、「廃棄ロス5％以下」を実現するための事前アク

目標値
月２件以下
１日５回以上
週１時間以上

〈左のスコアカードのシナリオ〉

マンツーマン指導を週１時間以上行うことで、社内認定テストの合格率が７０％以上になり、鮮魚スペシャリストの養成を実現できる。

↓

温度チェックを１日５回以上行うことを徹底する。

↓

廃棄ロスを５％以下にできる。

↓

鮮度アップの仕組みがぐるぐる回り始めて、クレーム件数が月２件以下になる。

↓

顧客満足度アンケートが４点以上になって、おいしい魚を食べたいという顧客ニーズを満たすことができる。

【得点のルールを決めるスコアカード】

	戦術マップ	結果指標	目標値	先行指標
財務	売上５億円	売上高	５億円	
顧客	おいしい魚が食べたい	顧客満足度アンケート	４点以上	クレーム件数
業務プロセス	鮮度アッププロセス	廃棄ロス	５％以下	温度チェック徹底
人材と変革	鮮魚スペシャリストの養成	社内認定テスト合格率	70％以上	マンツーマン指導時間

ションとして必要となるであろう「温度チェックを1日5回以上行う」というアクションに対する達成率もスコアカードの得点としてカウントする、ということです。

このように、結果指標を実現するための事前アクションを加味して設定した目標を**「先行指標」**といいます。結果指標と先行指標を戦略目標ごとに設定することで、戦術マップ達成のためのアクションが明確になります。

手遅れにならず軌道修正が早めにできる仕組み

もし先行指標を設けず、月間の廃棄ロスを5％以下にできたかどうかだけがわかるスコアカードだと、結果を確認してフィードバックするのが、1か月後になってしまいます。

先行指標をスコアカードにしてその得点をモニタリングすれば、フィードバックの間隔は短くなります。

温度チェックを1日5回以上行ったかどうかは、毎日チェックすることができますから、やるべきことができていない場合には、早めに手が打てるようになるわけです。

以上のことを、営業活動に置き換えて説明しましょう。

たとえば、「毎月10件の受注を取る」という目標を立てたとします。これは結果指標です。

そして先行指標は、左ページにあげたものです。こうして、「50件のお客さまを訪問すれば、

【営業活動の結果指標、先行指標の例】

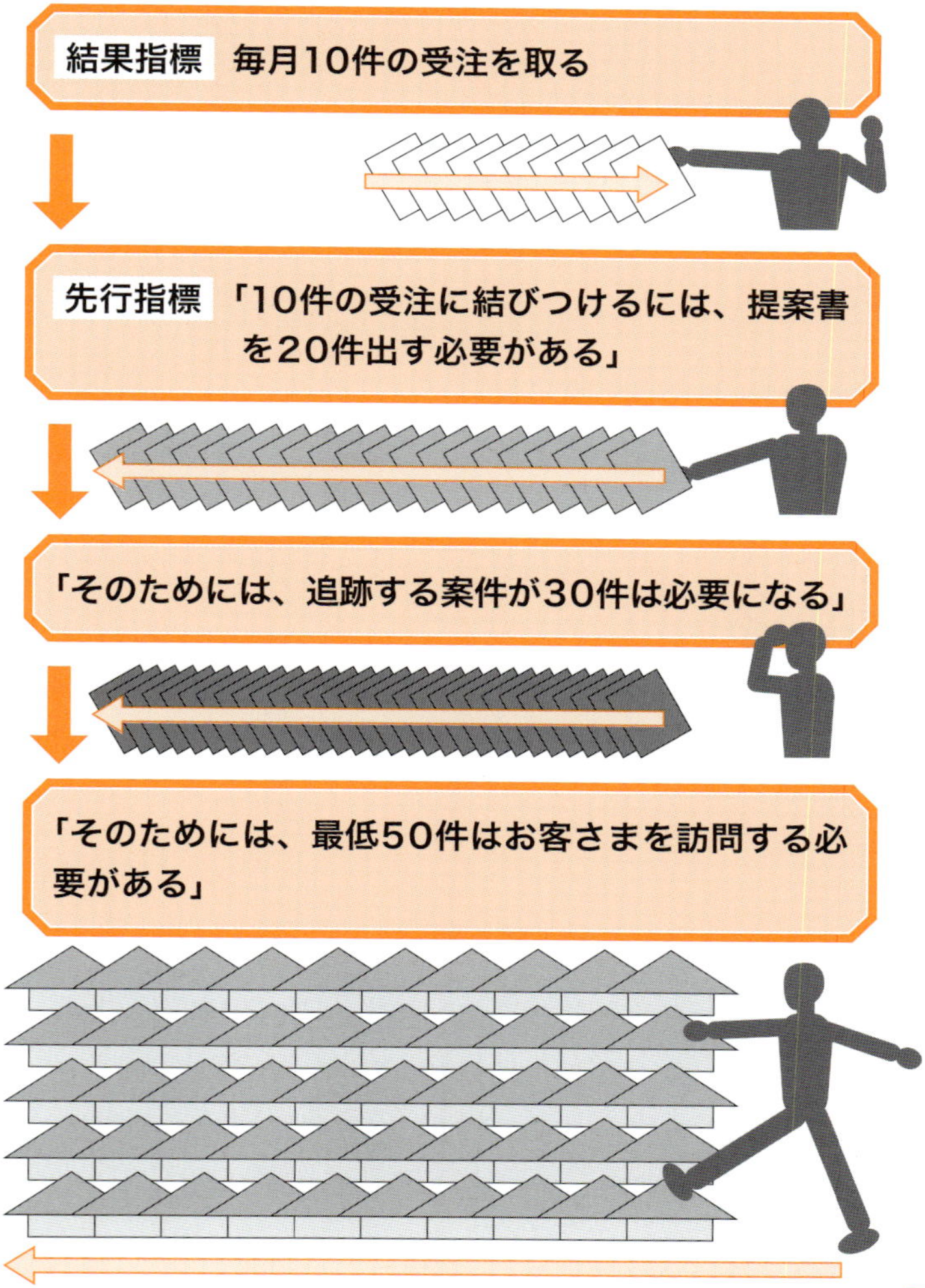
結果指標　毎月10件の受注を取る
先行指標　「10件の受注に結びつけるには、提案書を20件出す必要がある」
「そのためには、追跡する案件が30件は必要になる」
「そのためには、最低50件はお客さまを訪問する必要がある」

30件案件化でき、30件案件化できれば20件は提案書を出せる。20件提案書を出せば、半分の10件は受注できるぞ」というシナリオができ上がります。

提案書を出すのは受注する前の時点、案件化するのはさらにその前の時点、訪問するのはさらにその前の時点と、どんどん先行的なものになりますから、何か問題があれば、早めに軌道修正ができるようになります。

つまり、先行指標を決めておけば、「提案書の提出数が足りていないぞ」とか、「案件数が少ないじゃないか」、「そもそも訪問数が少ないじゃないか」といったマネジメントができるようになるということです。

また、先行的なものになればなるほど、そのアクションを実行するための難易度が低くなることにも注目してください。

毎月コンスタントに10件受注するのは、能力の高い人にしかできないかもしれませんが、50件のお客さま訪問は、やる気さえあればだれでも実行できます。

こうして即時フィードバックが可能となる

スコアカードによってつくられるシナリオは、カーナビでの道筋、ルートに当たるものといってよいでしょう。

目的地までの道筋を決めたら、その道筋どおりに進んでいるのか、それとも道筋を外れているのかを確認する必要があります。

目的地まで何の確認もせず、到着した後でチェックして、「あれ？　目的地と違うじゃないか！」と気づいても後の祭りです。

こうした後悔をしないために、途中の段階でチェックして、「もし道筋を外れていたら、早めに軌道修正しよう」というのがスコアカードの考え方です。

先に、「マネジメントの見える化」を考えるうえでいちばんのポイントは、「マネジメントの基準をしっかりと決めること」と述べましたが、以上の説明でおわかりのように、それは結果に対する基準ではなく、先行指標の基準であることが重要です。

以上のような仕組みができてはじめて、ゲーミフィケーションの条件③**「アクションに対して、すぐに反応がある」**につながっていくのです。

4 アクションに対するモニタリングの仕組みをつくる

具体的なアクションプランを考える

ステップ4でスコアカードを完成させたら、そこで設定された結果指標や先行指標を実現するために、だれが、何を、いつ、どのようにしていくかを明確にしていきます（ステップ5）。経営戦略や経営方針を単なるお念仏や絵空事で終わらせないためには、このように具体的なアクションにまで落とし込む必要があります。

これにより、ゲーミフィケーションの条件①「**何をすべきかが、明確になっている**」は完璧になります。

多くの会社は、こうした作業の詰めが甘いと言わざるを得ません。アクションプランが曖昧だと、気合と根性でなんとかしようといった精神論的なマネジメントになりがちで、無責任体質を生み出します。

ステップ2で考えた将来ビジョンも中期の戦略も年度の方針も、じつは自分たちが想定した仮説に過ぎないのです。そこには思い違いもあるでしょうし、今後想定外の環境変化があるかもしれません。

立てた仮説が正しかったのか、間違っていたのかを判断するには、やるべきことをキッチリと決めて、それをやり切ることが重要です。その前提がなければ、判断のしようがありません。

こうしたことをいい加減にしておいて、「うちの会社は、経営戦略が徹底できていない」などと他人事のような言い訳をしている会社幹部の方が少なくありません。

日々の活動情報が吸い上げられるシステムをつくる

だれが、何を、いつ、どのようにしていくかのアクションプランをつくったら、実際にそれがきちんとできているか、順調に進んでいるのか、途中で停滞していないかを検証するモニタリングの仕組みをつくります（ステップ6）。

このモニタリング・システムづくりは、「現場情報の見える化」を実現するためのものであり、ゲーミフィケーションの条件③「アクションに対して、すぐに反応がある」ようにするために欠かせないものです。

つまり、このシステムがないかぎり、「仕事のゲーム化」は進められないということです。

多くの会社では、このモニタリング・システムの構築がおろそかにされていたり、システムがあってもスピードが遅すぎます。

モニタリングの頻度が1か月に1回とか4半期に1回といった状態では、変化の激しい時代にほとんど役立ちません。

先にトヨタの「カイゼン」(Daily Continuous Improvement) について述べましたが、モニタリングは日々、日次で回していく必要があります。すぐに手を打たなければ、変化のスピードについていけないからです。

もちろん、毎日のモニタリング作業を人間の力だけでやろうとしたら大変です。モニタリング・システムには、IT技術の利用が欠かせません。

最近はさまざまな工夫をこらした現場情報収集システムが開発されており、「仕事のゲーム化」を実現するための環境も整ってきています。

経営のコクピットを完成させる

日々の現場情報を収集するモニタリングの仕組みができたら、販売管理システムや生産管理システムなど基幹業務システムとリンクさせ、全社の経営状態が一覧で確認できるシステムを構築します(ステップ7)。

基幹業務のデータはすでにデジタル化されている会社が多いと思います。それらを統合して表示させる設定をすればよいだけです。

よく認識していただきたいのは、販売管理システムなどの基幹業務データは、**過去の活動実績に関するデータ（過去データ）**だということです。

一方、現場情報収集システムによって収集されるデータは、**未来の実績をつくるために現在行っている活動のデータ（未来データ）**です。

そして、実績に基づく過去データと、あるべき未来に向けたプロセスを示す未来データを統合して一画面に表示すれば、可視化マップで設定した目的地に向けた道筋を、どこまで進んでいるかがわかり、そのバランスをチェックすることもできます。

こうしたシステムが、Ｐａｒｔ３で述べた経営のコクピットです（44ページ参照）。

次ページに経営のコクピットの例を掲げますが、ゲームのビュー画面のようです。経営者も一般の社員も、この画面を通して日々の活動が戦略遂行に向けてどのように作用しているのか、その状況をリアルタイムに目にすることができるようになります。

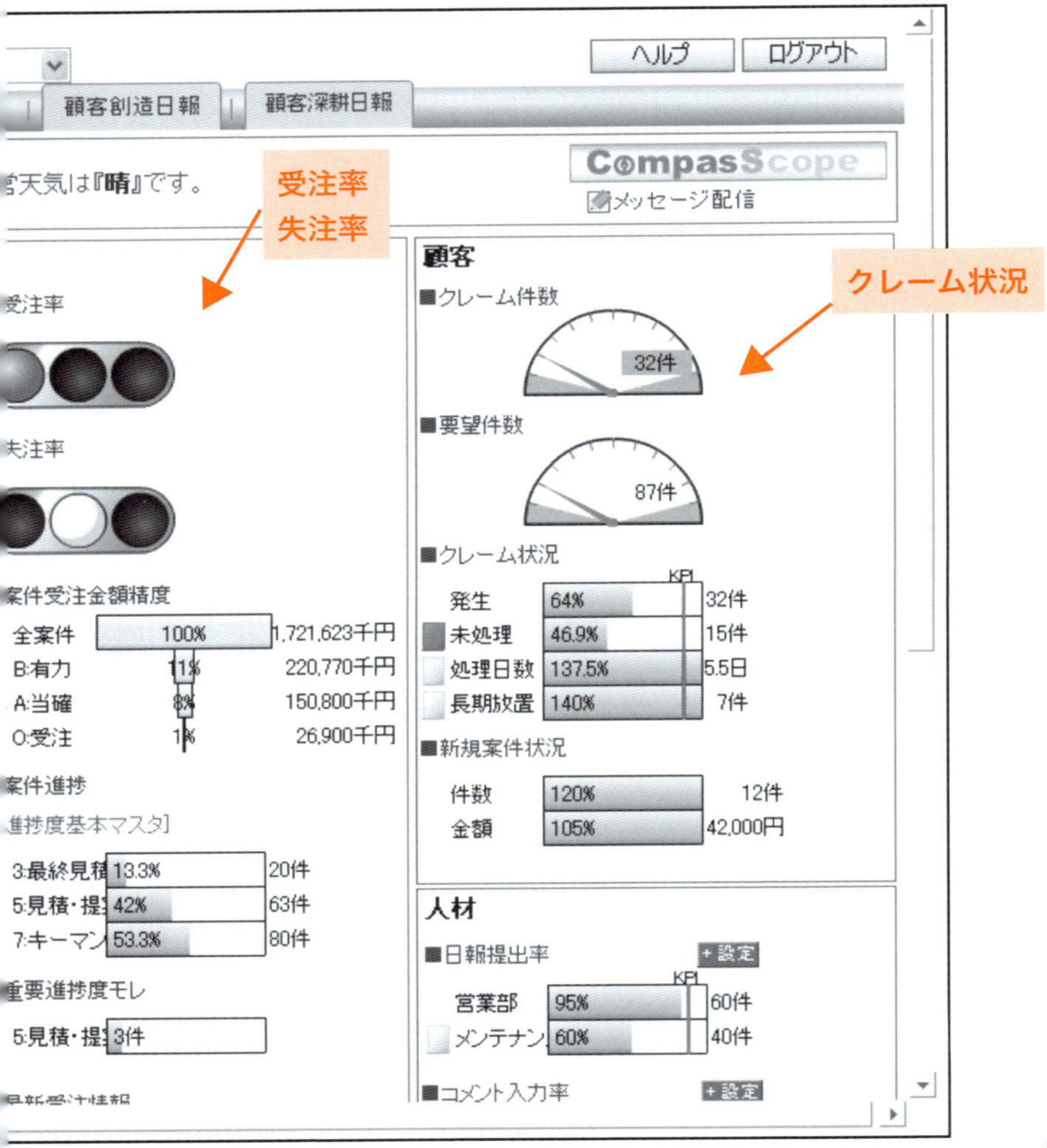
受注率
失注率
クレーム状況
ヘルプ
ログアウト
顧客創造日報
顧客深耕日報
CompasScope
メッセージ配信
顧客
■クレーム件数
32件
■要望件数
87件
■クレーム状況
KPI
発生 64% 32件
未処理 46.9% 15件
処理日数 137.5% 5.5日
長期放置 140% 7件
■新規案件状況
件数 120% 12件
金額 105% 42,000円
案件受注金額精度
全案件 100% 1,721,623千円
B:有力 220,770千円
A:当確 150,800千円
O:受注 26,900千円
案件進捗
重要進捗度モレ
人材
■日報提出率
+設定
KPI
営業部 95% 60件
60% 40件
■コメント入力率
+設定

【経営コクピットの例】

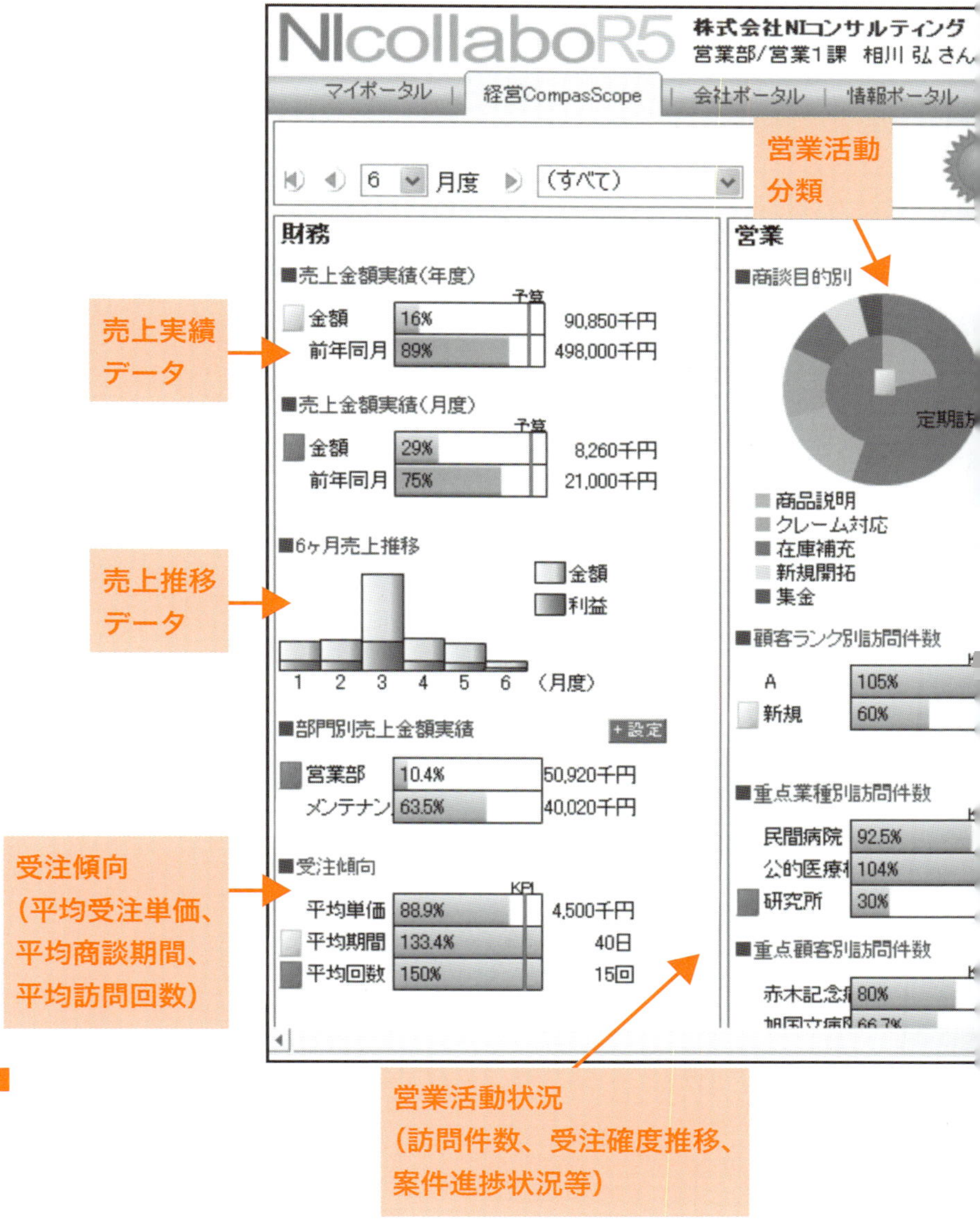
NIcollaboR5
株式会社NIコンサルティング
営業部/営業1課　相川 弘 さん
マイポータル
経営CompasScope
会社ポータル
情報ポータル
6
月度
(すべて)
営業活動分類
財務
■売上金額実績(年度)
予算
金額 16% 90,850千円
前年同月 89% 498,000千円
■売上金額実績(月度)
予算
金額 29% 8,260千円
前年同月 75% 21,000千円
■6ヶ月売上推移
金額
利益
1 2 3 4 5 6 (月度)
■部門別売上金額実績
+設定
営業部 10.4% 50,920千円
40,020千円
■受注傾向
KPI
平均単価 88.9% 4,500千円
平均期間 133.4% 40日
平均回数 150% 15回
営業
■商談目的別
商品説明
クレーム対応
在庫補充
新規開拓
集金
■顧客ランク別訪問件数
A 105%
新規 60%
■重点業種別訪問件数
民間病院 92.5%
104%
研究所 30%
■重点顧客別訪問件数
80%
売上実績データ
売上推移データ
受注傾向(平均受注単価、平均商談期間、平均訪問回数)
営業活動状況(訪問件数、受注確度推移、案件進捗状況等)

5 こうして「仕事のゲーム化」のフレームができ上がる

以上、Part4では可視化経営の実現に向けた7つのステップの概略を説明してきました。こうしたプロセスのなかで、前述のゲーミフィケーションの4条件（39ページ）が自ずと経営の仕組みのなかに落とし込まれて、「仕事のゲーム化」のフレームができ上がることになります。

本章のなかでも随時その点を意識して説明してきましたが、大事なポイントなので、4つの条件ごとに可視化経営への取り組みと「仕事のゲーム化」の関係について、整理しておきましょう。

【条件①】何をすべきかが、明確になっている

Part3の冒頭でも述べましたが、会社の仕事は基本的に何をすべきかが明確になっています。

さらに可視化経営に取り組むなかで、戦略を見える化する可視化マップやスコアカードに

よって、戦略実行のために何をすべきかが明確になります。

それにより社員は、現場のアクションが10年後、20年後のビジョンにつながっていることを意識できるようになります。

このように、単にやるべきことが明確になっているだけではなく、戦略とつながったかたちで何をすべきかが見えていることが非常に重要です。

多くの会社では、長期のビジョンを描いても、それを日々の行動にまで落とし込めず苦労しています。しかし、可視化経営に取り組むことで、日々何をすべきかが明確になるのはもちろん、なすべき日々の行動と10年後、20年後のビジョンが一気通貫につながるのです。

【条件②】自分がいまどういう状態なのかが、すぐにわかる

多くの会社では、企業活動全体の結果である売上や利益の推移をグラフィカルに表すようなことはしていますが、可視化経営に取り組むことで、それを生み出すための社員個々の行動やアクションの進捗状況が見える化されます。

さらに、条件①で明らかになった「なすべきこと」の目標値（基準値）との差や、目標値をクリアできているかどうかといったことも一目でわかるようになります。

こうして、目標値（基準値）と現在値、現状のギャップが明らかになることで、社員に問題意識が生まれ、個々人の能力が正しい方向で発揮されるようになります。

自分の位置や獲得しているポイント、エネルギー状態がわからないと、自分でどう動くかを判断できずゲームが進まなくなってしまいます。

【条件③】アクションに対して、すぐに反応がある

即時フィードバックは、「仕事のゲーム化」を考えるうえで、非常に重要なポイントです。どんなゲームでも、何かをやれば必ず反応があります。たとえば、ゲームで敵をライフル射撃したときに、命中すれば「ピューン」、外れれば「シュ」、盾で防御されれば「ガッ」というように、上手くいっても失敗しても何らかの反応があります。

何も反応がなければ、弾が当たったのか当たらなかったのかさえわかりません。

このように、即時フィードバックの仕組みがないと、ゲームがまったく面白くなくなってしまいます。これまでの企業経営のやり方で問題なのは、あらゆる面でフィードバックのスピード感が不足していることです。

条件②によって、社員個々人のアクション状況や戦略実行の進捗度が見える化され、共有されることで、即時フィードバックの環境が整います。

【条件④】ゴールしたり達成すると、感動できたり、ごほうびをもらえる

給料やボーナスが出ない会社はありませんから、会社の仕事は基本的にこの条件を満たして

います。

さらに、可視化経営への取り組みによって、結果だけを見て給与やボーナスを決めるのではなく、戦略実行プロセスも加味して報酬を決定することが可能になります。

可視化経営によって、社員の日々の活動が見える化されますから、戦略実行過程で、だれがどういう頑張りをして、どういう工夫をして、どう苦労していたのかがすべて明らかになります。

その結果としての業績はデータで出てきますから、プロセスと結果の両方を見て、バランスのよい評価を下すことが可能になるわけです。

しかも、社員1人ひとりの仕事ぶりは他の社員にもオープンになりますから、社内表彰などもやりやすくなり、昇進や昇格についての納得感も高まります。

Part 5

仕事を面白くする「ゲーム化」のさまざまな仕掛け

1 知っておきたいゲームデザイン・12のポイント

ゲームには、ついついのめり込んでしまう仕掛けが必要

可視化経営の実現に取り組むことで、ゲーミフィケーションの4条件をクリアでき、「仕事のゲーム化」のフレームができ上がることは、これまで述べてきたとおりです。

ただそれだけだと、ゲームの骨格だけあって装飾が施されていない感じになってしまい、少し味気ない気がします。

ゲームには、ついついのめり込んでしまうようないろいろな仕掛けや工夫が施されています。それによって、心をときめかせ、ワクワクしながら、ついつい徹夜をしてしまうようなことにもなるのです。

以下、こうしたゲームの仕掛けや工夫を**「ゲームデザイン」**と表現します。

本章では、左ページの12のポイントについて説明していきます。

【ゲームデザイン・12のポイント】

① 共感できるストーリーを用意する。
② レベル（級・段、ステージ）を設定して、向上心を刺激する。
③「バッジ（標章）効果」でプライドをくすぐる。
④「コレクション効果」を活用し、途中でやめにくくする。
⑤「ソーシャル共有」による他人との交流の楽しさを狙う。
⑥ 自発的に参加していることを意識させる。
⑦ 自分好みにカスタマイズできる部分を残しておく。
⑧ クエスト（課題・ミッション）への取り組みを習慣化する。
⑨ リアルな能力向上につながる「学習クエスト」を盛り込む。
⑩ 負けているほうが逆転できる可能性を残す。
⑪ 予期しないサプライズ報酬を用意しておく。
⑫ ビジュアル・デザインに気を配る。

ただし本書は、ゲーム機やゲームそのものを開発するための本ではないので、ゲーム開発上の細かいテクニカルな部分ではなく、「仕事のゲーム化」を考えるうえで参考になる点に絞りました。

ワクワクしながら社員みんなで仕事に取り組むための〝スパイス〟とお考えください。

注意していただきたいのは、スパイスだけを取り入れて刺激を増すだけでは本末転倒だということです。これでは仕事の成果に結びつく取り組みになりません。

可視化経営のフレームがあって、ゲーミフィケーションの4条件がクリアされてはじめて、成果に結びつく「仕事のゲーム化」が実現するのです。

そして、「これは会社のビジョンを実現するためのゲームだ」という意識を、全員で共有しておくことが大前提です。

★ゲームデザイン①：共感できるストーリーを用意する

ゲームに引き込むためには、プレーヤーが強く共感できるストーリーを用意しておくことが、とても重要です。

ストーリーとは、たとえばロールプレイングゲームではお決まりのパターンですが、「主人公が、連れ去られたお姫さまを助け出しに行く」といったものです。ゲーム全体の設定ととらえてもよいでしょう。

ただし、あくまでも「仕事のゲーム化」ですから、「あ〜、面白そうだな」、「やってみたいな」というだけでなく、「この仕事をやると、世の中にとてもプラスになるなぁ」と思えるようなストーリーを用意したいものです。

これは、前述の「富士山ビジョン」につながるような「真・善・美」（58ページ参照）を感じられるストーリーといってもよいでしょう。

少しむずかしく感じるかもしれませんが、完璧な脚本をつくっておく必要はありません。ロールプレイングゲームでも、自分の作戦や行動によって展開が変わらなければ、さっぱり面白くありません。

たとえば桃太郎の話をベースにしたゲームなら、「世のため人のため、桃太郎が鬼ヶ島に鬼退治に行く」という大枠のストーリーだけを決めておけばよいのです。

あとは、鬼ヶ島へ海から行くか空から行くかを選べたり、家来も猿、犬、キジではなく、タヌキとキツネを連れて行って鬼をだますという手も使えるようにしておくなど、とにかくプレーヤーが自分で選択できる余地を残しておくことです。

ゲームデザイン②：レベル（級・段、ステージ）を設定して、向上心を刺激する

珠算でも、習字でも、柔道でも、漢字検定や英語検定でも、「級」や「段」が設定されていて、自分のレベルや実力がはっきりわかるようになっています。

また、「ドラゴンクエスト」などのロールプレイングゲームでは、自分の強さや経験の量が明確に〝数字〟で表され、それによって自分が成長していることや、自分の未熟さなどを実感できます。

また、自分がさらに上のレベルに到達するためには、あと何ポイント必要か、あのボスキャラを倒すためには、あとどのくらい経験を積まなければならないのか、どのアイテムを獲得しなければならないのか、といった目標もはっきりわかります。

「仕事のゲーム化」を考えるうえでも、このようなレベル設定を行い、頑張ったらレベルが上がり、レベルが上がったら、さらに上のレベルをめざしたくなる仕掛けを考えましょう。

ゲームデザイン③：「バッジ（標章）効果」でプライドをくすぐる

レベル設定を行ったら、レベルが上がったことを「見える化」し、それを他者に「見せる化」する工夫を考えましょう。

柔道では初段になると黒帯を締めることが許されます。この黒帯になぞらえて、「ブラックベルト」の称号を社内資格として与えている欧米企業もあります。

スターバックスでは、コーヒーについて最高レベルの知識や技術を持っていることが認定された従業員だけが黒いエプロンをつけることができます。この「ブラックエプロン」も、黒帯の変化形といえるでしょう。

黒帯は目立つから意味があります。見た目でわからなければ、「おれも黒帯をめざして頑張ろう」とは、だれも思いません。

つまり、せっかくレベルが上がっても、そのことを自分しかわからなければ動機付けにならないということです。

こうした例は、他にもいろいろあります。

軍服には階級のわかる星が付いています。勲章をたくさんぶら下げている人もいます。それを人に見せてこそ自尊心がくすぐられるのです。

サッカーのユニフォームに、優勝回数分の☆を付けるのも同じで、選手にプライドを持たせる効果があるのでしょう。

こうした効果を**「バッジ（標章）効果」**といいますが、仕事をゲーム化するときにも、レベルやステージが上がったら、それがはっきりわかるものを付与しましょう。

ゲームとは違いますが、社内資格制度でもバッジ効果を狙った演出があってもよいと思います。

ゲームデザイン④：「コレクション効果」を活用し、途中でやめにくくする

「せっかくここまで集めた（努力した）のだから、あともう少し頑張ろう」とか、「これまでの苦労がムダになるのはイヤだ」と考えさせる仕掛けの効果を「コレクション効果」といいます。

高額課金で話題になった「コンプリートガチャ」はこの効果を狙った仕掛けです。

たとえば、3枚のレアカードをすべて揃えるとコンプリート(コレクション完成)だというゲームがあるとします。

すでに2枚のレアカードを持っている場合、3枚目が出る確率は、当然、1枚目、2枚目が出る確率より低くなります。

レアカードをまだ1枚も持っていない場合は、3種類のレアカードのうちどれが出てきてもよいのですが、すでに2枚持っていれば、残り1種類のレアカードを引き当てなければならないからです。

こうしたことは冷静に考えればすぐにわかりますが、ゲームにハマってしまうと、熱くなってお金をどんどん使ってしまいます。

「コンプリートガチャ」も射幸心を煽りすぎるということで社会問題になり、景品表示法に基づいて問題視されたわけです。

すなわち、コレクション効果は規制されるほど効果が大きいということです。

商品を買わせたり、課金したりしてコレクションさせたら問題ですが、「仕事のゲーム化」でこのコレクション効果を活用することは何の問題もありません。

頑張ってレベルを上げ、バッジを付与したら、それをコレクションさせましょう。あともうひと踏ん張り、あともうひと息、あともう一歩頑張ってもらうには、とても有効な仕掛けになります。

ゲームデザイン⑤：「ソーシャル共有」による他人との交流の楽しさを狙う

「見える化・見せる化」が進むと、広く情報が共有され、そこにおのずと人とのコミュニケーションや交流が生まれます。

そのことによって、他人どうしが協力し合う状況が生まれることもあれば、逆に競争が促進されることもあります。

また、自分のレベルや能力が高まれば、だれでもそれを人に認めてもらいたいと考えますが、そうした承認欲求を満たすことにもつながります。

「ドラゴンクエスト」などの有名なゲームは、Ｗｅｂ上にファンサイトがあり、自分のキャラクターを自慢したり、隠れキャラについて語ったりと、プレーヤーどうしが活発に交流しています。

しかも、そうしたファンサイトはだいたい複数あり、その実態を見れば見るほど、人間の承認欲求がいかに強いかがわかります。

こうした状況を、**「ソーシャル共有」**といいます。

携帯電話やスマホで一気に普及したソーシャルゲームという分野は、まさにこのソーシャル共有をフル活用したものだといえるでしょう。

自分ひとりで部屋に閉じこもってゲームをやるという感覚ではなく、ゲームで人とつながり、交流も生まれるのです。

体調が悪くて学校を休んだ子どもが、「僕が行かないと、戦いに負けてしまう」と言ってソーシャルゲームには参加していた、という笑えない話もあります。

こうしたソーシャル共有は、ソーシャルゲーム特有のものかというとそうではなく、私（清永）はインターネットなどまだ存在していなかった小学生の頃に似たような経験をしました。

当時はファミコンの時代でしたが、放課後急いで家に帰って一心不乱にゲームをして、翌日、学校で友人に「おれはあのゲーム、もう最終ステージまで進んだぞ」、「裏ワザを1つ見つけたぞ」と、よく自慢したものです。

こうしたソーシャル共有の楽しさを、「仕事のゲーム化」にも取り入れていきましょう。

★ゲームデザイン⑥：自発的に参加していることを意識させる

友人と一緒にいて、半ば強制的にゲームに付き合わされたものの、やっているうちにだんだん面白くなってきて、ついには自発的にやるようになったという経験をお持ちの方もいると思います。

こうした〝魔力〟は、仕事をゲーム化することのメリットのひとつです。とはいえ、強制でなく自分の意思でゲームに参加しているんだと感じられたほうが、人は能力を発揮しやすくなります。

逆にいえば、「ゲームに参加しない」ことを選択できる余地を残しておいたほうがよいということです。

実際、仕事をゲーム化すると、ゲームに負けることを恐れて拒否反応を示す人が出てきます。そんな人も自分と年次の変わらない同僚がゲームに参加し、盛り上がっているのを見ると、だんだん参加するようになってきます。「あいつができるなら、おれにもできるかもしれない」という心理が働くのです。

「やればできる」という自信を持てば、人は自発的に参加します。こうした内発的動機付け（185ページ参照）によってゲームに取り組んでもらうために、とくにゲームへの参加のさせ方は配慮が必要です。

強制ではなく、要請、さらに要請より招待するほうがよいでしょう。

ゲームデザイン⑦：自分好みにカスタマイズできる部分を残しておく

「ドラゴンクエスト」のようなロールプレイングゲームでは、ゲームの進め方やクリアする方法など、やるべきことが明確になっている一方、各メンバーに自分の好きな武器や防具、アイテムを持たせたり、戦士や魔法使いなど、好みのキャラクターに育てることができるようになっています。

これは、ゲームに愛着を持たせる仕掛けだといえます。自分だけのオリジナルキャラクターを自分の分身のように感じて、いっそうゲームに没頭していくことになります。

このように、やるべきことが明確になっている一方、そのやり方、進め方は本人の決定に委ねられていて、いろいろ選択できることが、ゲームデザインを考えるうえで大切なポイントです。

人は、自分らしさを発揮しながらものごとに取り組むとき、やらされ、管理されているという感覚がなくなり、自分で決めて自ら動くという自己発働（自律と自発↓202ページ参照）状態を持続させることができるのです。

ゲームデザイン⑧：クエスト（課題・ミッション）への取り組みを習慣化する

ゲームへの参加を習慣づける最も効果的な方法は、簡単にクリアできるクエスト（課題・ミッション）を与え、そのクエストをクリアしたら即時フィードバックすることをくり返します。するとだんだん、毎日それをやるのが当たり前になってきて、やらないと気になって気になって仕方なくなります。

たとえば、ソーシャルゲーム「サンシャイン牧場」では、ゲームのなかで自分の畑に農作物の種を植えると、3時間後に収穫ができるようになっています。

ただし、種を植えてから6時間経過すると、せっかく植えた農作物が腐ってしまい、収穫の権利を失います。

収穫すること自体はむずかしくもなんともありません。単にゲームに参加していればよいだけです。

しかし、農作物を腐らせたくないプレーヤーは、常にゲームを気に掛ける状態になります。こうしてゲームに参加することが習慣になっていくのです。

このメカニズムを、「仕事のゲーム化」にも応用しましょう。

やればすぐできるけれど、うっかりすると忘れてしまいそうなことを、うまく〝習慣化クエスト〟のメカニズムに乗せると、とても効果的です。

ゲームデザイン⑨：リアルな能力向上につながる「学習クエスト」を盛り込む

遊びのゲームなら、楽しめて、ゲーム上のレベルアップ、パワーアップによって気分良くなればそれでよいのですが、「仕事のゲーム化」をそのレベルで考えてはいけません。

「仕事のゲーム化」を考える際に最も重要な点は、ゲーム上のクエスト（課題・ミッション）をクリアしていくことで、「やればできる！」という自信をつけさせ、リアルな能力向上、スキルアップにつなげることです。

たとえば、契約を獲得するための先行指標（76〜77ページ参照）として、「アポ取り→訪問→案件化→提案書提出」を考えている営業部で、アポ取りをゲーム化するケースで考えてみましょう。

契約を獲得するために、まずは数多くのお客さまと面談することが重要です。面談するためには、アポが取れないことには先に進めません。

こういったケースでは、単純ですが、アポイントをたくさん取った人が勝ちになるゲームが有効です。「アポ取りダービー」でも「アポとりスゴロク」でも、自分の位置や順位が見える化されたものであればOKです。

営業部のメンバーは、最初は「アポを取るのかぁ。面倒だなぁ」と思いながらも、ゲームに取り組みはじめます。

そしてゲームに勝つために、アポ取りの電話をかけまくるわけですが、やっているうちに慣れてきて、アポ取りトークのコツがつかめてきます。

すると、ゲームが盛り上がるだけでなく、参加しているメンバーのアポイントトークも確実に上達します。上達すれば、最初は嫌々やっていたアポ取りも楽しくなってきます。

「仕事のゲーム化」を考える際には、こうした**「学習クエスト」**をうまく盛り込みましょう。

ゲームデザイン⑩：負けているほうが逆転できる可能性を残す

ゲームの途中で早々と勝敗が決してしまうと、最後まで続ける気がしなくなります。そのためゲームには、最後までモチベーションを維持してもらえるよう、いろいろな工夫が考えられています。

たとえば、ボウリングは最終フレームで最大3回投げることができるようになっていますし、スゴロクには「ふりだしに戻る」という落とし穴がつくられています。

こうしたスリリングな仕掛けがあるから、負けているほうも最後までゲームを楽しむことができます。

しかし、「仕事のゲーム化」の場合は要注意です。せっかく、コツコツ毎日努力を重ねてきた人が、ゴール目前でふりだしに戻されたら、たまったものではありません。

仕事へのモチベーションを維持させるために、たとえば次のようなやり方は考えられます。

営業部で1月から12月までの1年間の受注件数競争をゲーム化するような場合、10月くらいになるとトップと下位の人の成績に差が付きすぎてしまうことがあります。

そこでリーダーが、「最後の2か月間はポイントを倍にする。だからまだ逆転の可能性があるぞ。最後まで諦めるな！」とルールを変えて、成績下位者を発奮させるのです。

もちろん成績上位者から、「せっかく頑張ってリードしたのに、途中でルールを変えるのはおかしい」と反発されるかもしれませんが、チーム全体の業績を伸ばせると判断できれば、こうした手を打ってもよいでしょう。

よく考えたいのは、競争の期間です。1年間だと差が付きすぎてしまうので、半年に短縮するとか、あるいは3か月、1か月の短期戦にするといった、逆転不可能な差が付かないやり方を考えることも大切です。

☆ゲームデザイン⑪：予期しないサプライズ報酬を用意しておく

単純なゲームで、あるアクションと報酬が結び付く仕組みやルールがわかってしまうと「この報酬をもらうためには、○○をしさえすればいいんだな」と考えて、近道、抜け道を考えたり、「ひたすら○○をしよう」と、反復運動をくり返すようになります。

そうなると、本来自ら取り組むべき仕事が、〝作業化〟されてしまいます。仕事をゲーム化する際には、その点をよく気をつけなければなりません。

〝仕事の作業化〟に陥らないためには、予期しないサプライズ報酬を用意しておくことが効果的です。

「ドラゴンクエスト」のようなロールプレイングゲームでは、強い敵キャラを倒したとき、ごく稀にその敵が自分の仲間になってくれることがあります。

ただし、どういう場合に仲間になるのか、どの敵が仲間になるのか、といったことは明らかにされていません。単純なルール化ができないようになっているわけです。

苦労して倒した敵キャラが、予期せず自分の味方になってくれるというサプライズ報酬によって、プレーヤーはいっそうゲームに熱中していきます。

ゲームデザイン⑫：ビジュアル・デザインに気を配る

ゲームに集中し、没頭するためには、〝つくりもの〟としての見た目がよくできていることが欠かせません。ゲーム化とビジュアル・デザインは密接に関係しているのです。

たとえば、自動車のレーシングゲームで、車が単なる「点」で表示され、同じところをグルグルと追いかけあって回っているだけだったら、すぐに飽きてしまいます。

自分と相手の車、コース全体、速度計、ガソリンの残量などがリアルな画像で表示されているからこそ、臨場感が高まり、ゲームを楽しめます。

見た目がよくできているということは、わかりやすさや親しみやすさにつながります。

ゲームのキャラクターも、ビジュアル・デザインの1つと考えられます。

「ポケットモンスター」のメインキャラクターである「ピカチュウ」はその代表格でしょう。「ピカチュウ」はゲームを超えて、その愛らしさから、全世界の子どもや大人を夢中にさせています。

「仕事のゲーム化」でも、見た目のデザインに配慮し、手を抜かないようにしましょう。

Ｐａｒｔ２で、私（清永）の体験として仮装スゴロク朝礼の話を紹介しましたが、先輩たちは、スゴロク盤や駒の完成度に異常なほどこだわっていました。

プロのデザイナーが徹夜してスゴロク盤を描いているのを見て、新入社員だった私は、「なんでそこまでするのだろう？」と疑問に思いましたが、先輩たちは、ゲームを盛り上げるにはビジュアル・デザインが重要なのだと気づいていたのでしょう。

2 ゲーミフィケーション・ツールを使った「仕事のゲーム化」事例

営業スタッフの仕事をアシストするツール

ここまで、「仕事のゲーム化」を考えるうえで参考になるゲームデザインのポイントを説明してきました。そのすべてを網羅するのはむずかしいにしても、自分たちの職場や仕事に照らして、いくつかヒントになった点もあるかと思います。

さらに、12のポイントをどのように「仕事のゲーム化」に反映させたらよいか、イメージをつかんでいただくために、1つの事例を紹介します。

私たちは、営業の仕事をゲーム化する「Sales Force Assistant」というゲーミフィケーション・ツールを開発しました。

このツールは、キャラクター化された電子秘書が、リアルな秘書と同じように、営業スタッフの仕事をアシストしてくれるものです。

自分の仕事の状況を記録したり、顧客との対応内容を登録すると、架空通貨（エネコイン）がもらえます。さらに、顧客と契約をすればボーナスエネコインがもらえます。

そして、電子秘書に感謝を伝えると、ポイントが貯まって秘書機能が強化され、いっそう自分に役立つアシストをしてくれるようになるという仕組みです。

電子秘書のキャラクターを自分好みに変えていく

営業スタッフが毎日出社してログインすると、左ページのような電子秘書のキャラクターが登場します。

キャラクターは、かわいい系のルックス、きつい系のルックスなど、自分の好みに合わせて選ぶことできます。

左ページのキャラクターは女性ですが、男性キャラクターも用意されています。

営業スタッフが、やらなければいけない仕事を忘れていたりすると、この秘書は、イエローカードを出しながらかわいく叱ってくれます。

また、会社のビジョンに沿った行動やスコアカードの得点になるような仕事をしていると、グリーンカードを出しながら愛らしくほめてくれます。

このように、かわいらしくて親しみのわくキャラクターを登場させたり、イエローカードや

【電子秘書のキャラクター例】

▼おじぎをする

▼あいさつをする

▼イエローカードで叱る

▼グリーンカードでほめる

見た目やデザインがきれいで、面白みがあり、親しみやすいキャラクターがゲーム化を促進する。

グリーンカードを用いてスタッフに気づかせるのは、先述のゲームデザイン⑫「**ビジュアル・デザインに気を配る**」を意識してのことです。

この電子秘書のキャラクターは、どんどん自分好みに変えていくことができます。たとえば、名前やニックネームを付けたり、電子秘書が自分にあいさつするときの呼びかけ方を設定することができます。

私の会社のある新人社員は、電子秘書を「アッキーナ」と名付け、自分のことを「たくにゃん」（彼は卓也といいます）と呼ばせて、毎朝テンションを高めています。

さらに、洋服や靴、メガネなどのアイテムを買って、電子秘書を着せ替えさせたりすることもできます。

こうした仕組みは、ゲームデザイン⑦「**自分好みにカスタマイズできる部分を残しておく**」を意識したものです。

ただし、このように電子秘書を自分好みに仕立てていくには、すべて架空通貨のエネコインが必要になります。

自分の秘書のためにいろいろなアイテムを買い揃えてあげようと思っても、エネコインの貯金がなければ、「エネコインが足りません。もっとエネコインを貯めてから来てください」と言われてしまいます。

架空通貨(エネコイン)の仕組み

エネコインの仕組みですが、まずログインするだけで10エネコインもらえます。ただしこのエネコインは、ずっと貯金されているわけではなく、何もせずぼやっとしていると、消費されてなくなってしまいます。

そして仕事をして、「今日、こんな資料をつくったからね」とか、「今日、お客さまのA社さんから問い合わせの電話があったので、こういう回答をしておいたよ」といったことを、次ページのようなメモ用紙に書いて電子秘書に伝えるとエネコインがもらえます。

人間の秘書に仕事をフォローしてもらう場合も同様ですが、自分がどういう仕事をしていて、今後どういう予定なのかといったことをしっかり伝えないと、秘書もどう動いていいかわかりません。

電子秘書は、今日1日、伝えられたメモ用紙を時間順に1枚にまとめておいてくれます。これを「デイリー・モニタリング・ビュー(DMV)」と呼んでいます。

電子秘書に仕事を伝えるメモ用紙を渡せば、渡した分だけエネコインが貯まり、DMV画面の下段にはその量が表示されます(116～117ページの画面参照)。

先述したように、いろいろなアイテムを買うにはエネコインが必要ですから、自分の秘書のためにもっとエネコインを稼ごう、つまり、「もっと仕事メモを渡そう」というインセンティ

▼電子秘書に渡すメモ用紙

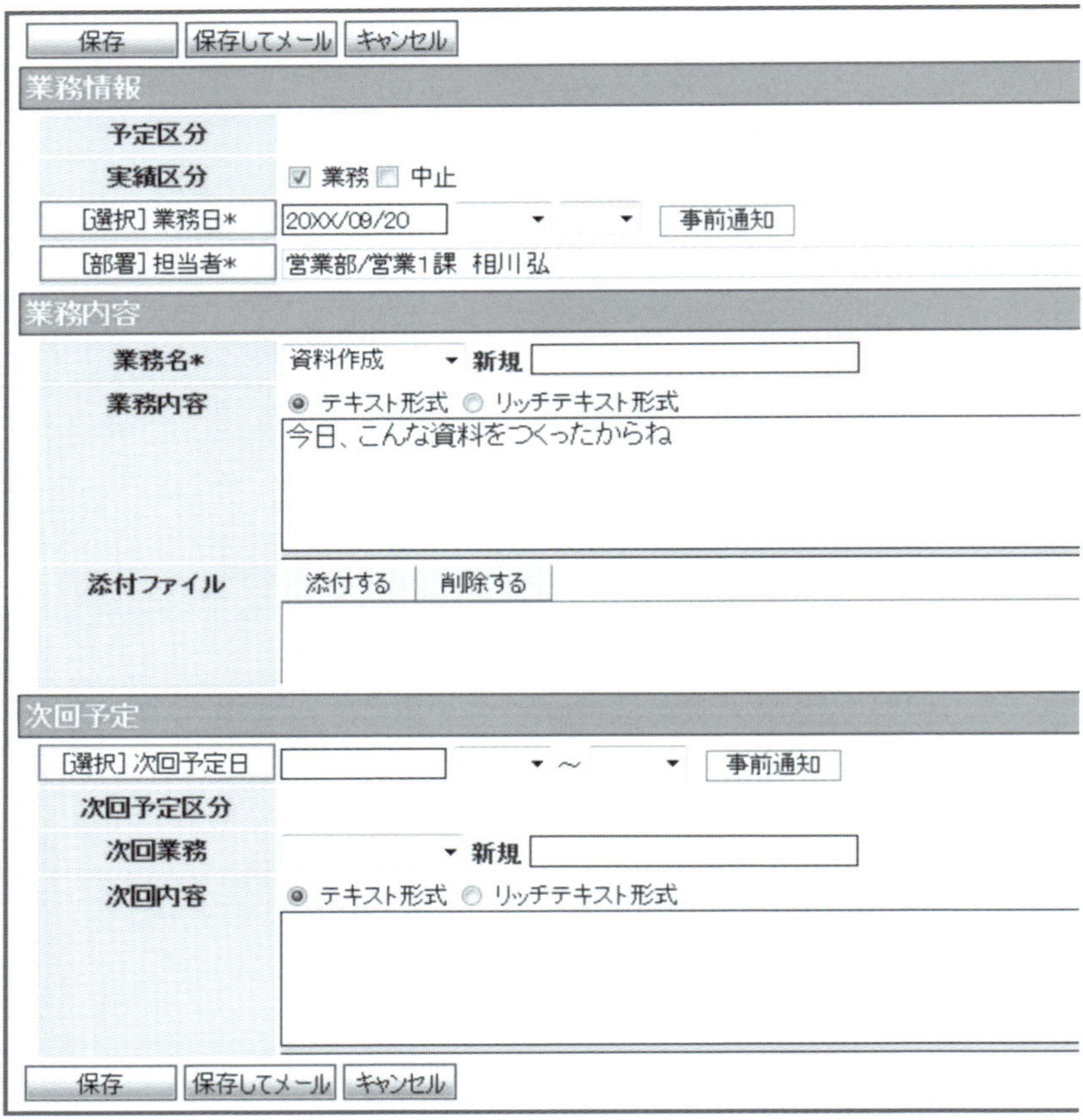

自分の仕事の状況をメモ書きして電子秘書に伝える。

【仕事の状況を電子秘書に伝える】

ボタンを押すとメモ用紙が開く

【DMV とエネコインの表示例】

◀DMV（デイリー・モニタリング・ビュー）

電子秘書に伝えるメモ用紙を書けば書くほどエネコインが貯まる。

エネコイン　現在：23,680ⓔ

費目	エネコイン
ログインボーナス	10
案件情報登録による付与	150
商談情報登録による付与×4	400
エネ消費	-1,000
商談情報予定登録による付与×2	200

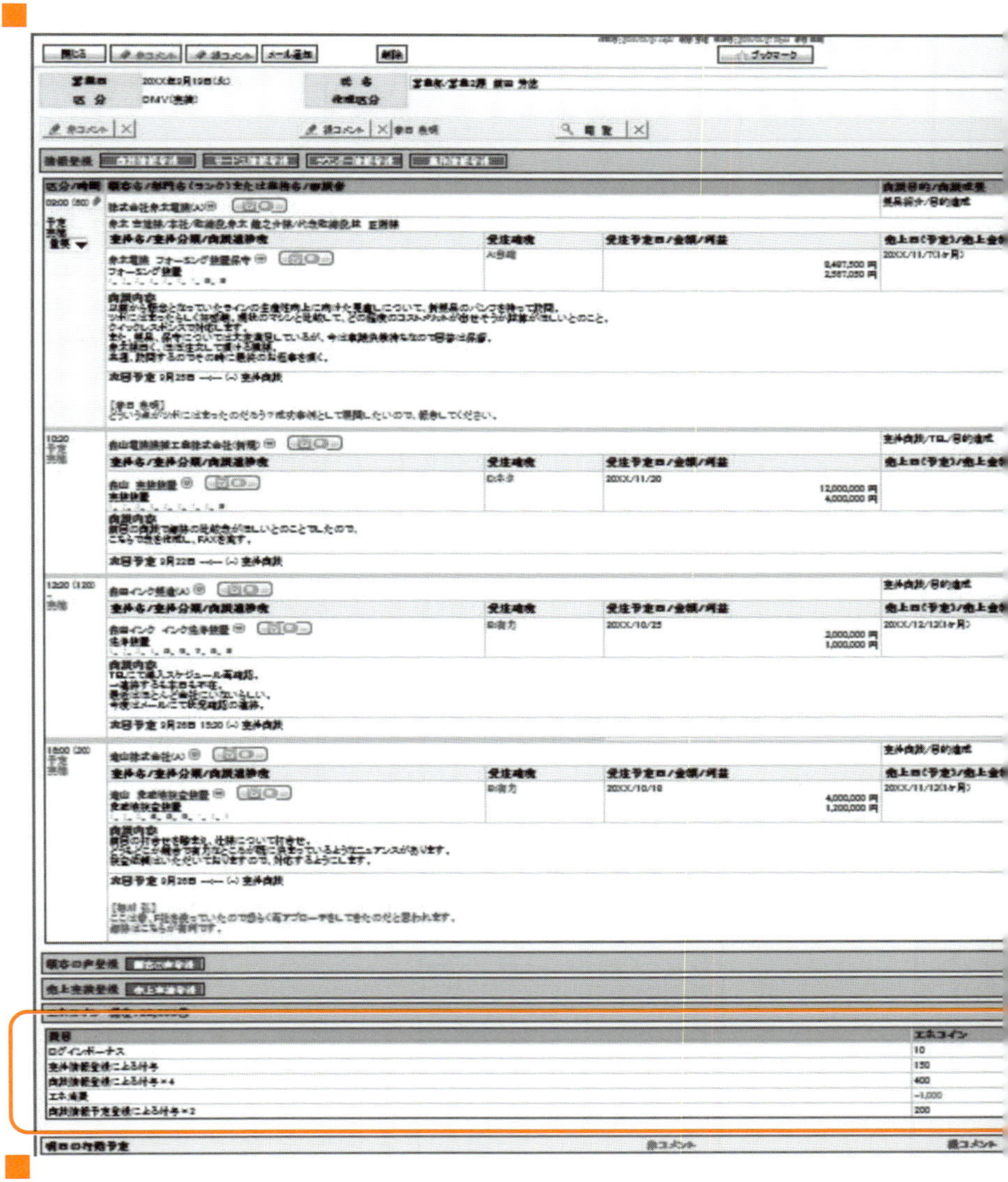
エネコイン
ログインボーナス
10
150
400
-1,000
200

ブが働きます。

こうして、ログインして電子秘書に今日の自分の仕事を伝えることを、ゲームのプレーヤー（営業スタッフ）に促していくわけです。

このエネコインの仕組みは、ゲームデザイン⑧「クエストへの取り組みを習慣化する」を念頭に考えたものです。

☆人間の秘書と同じような働きをしてくれる電子秘書

電子秘書は、さまざまな仕事のアシストをしてくれます。

たとえば、別の部署のメンバーと急いで打合せをしなければならないとき、相手が席にいなければ、電子秘書に「○○さんが席に戻ってきたら教えてね」と頼んでおきます。すると、その人が席に戻ってきたら、ただちに知らせてくれます。

また、電子秘書に会議や外出の予定を伝えておけば、30分前になったら、携帯電話に「そろそろですよ」と教えてくれたりもします。

さらに夕方になると、翌日の仕事の予定を一覧にして伝えてくれます。しかも、得意先などへの訪問予定がある場合は、相手の情報を教えてくれます。

その得意先に関係する最近のクレームがあれば、その内容や対応状況を教えてくれますし、得意先がWeb上で何か話題になっていれば、その情報も併せて教えてくれます。

さらに、自分以外の社内の人間がその得意先を訪問したことがあれば、どの部署のだれが、いつ訪問し、どんな話をしたか、といったことまで一覧にして見せてくれます（120〜121ページ参照）。

電子秘書の能力がレベルアップしていく仕組み

このように、人間の秘書がいたら頼みたくなるようなことを電子秘書がやってくれるので、ゲームのプレーヤー（営業スタッフ）は、その存在をとてもありがたく思うようになります。

そのとき、「GOOD JOB!」、「THANKS!」というボタンを押してその気持ちを素直に表わす仕組みがあります（121ページ参照）。

このボタンを押すと、今度は電子秘書にポイントが貯まっていきます。

それが一定のレベルに達すると、電子秘書が投げキッスをしてくれるなど、表情や動きがいっそう豊かになったり、プレーヤーがエネコインで購入できるアイテムが増えたりします。

さらに電子秘書のアシスタントレベルが上がって、得意先の会社の創立記念日や担当者の誕生日なども知らせてくれるようになります。

これは、ゲームデザイン②「**レベルを設定して、向上心を刺激する**」の効果を狙っています。

▼明日訪問予定のある企業と当社の履歴

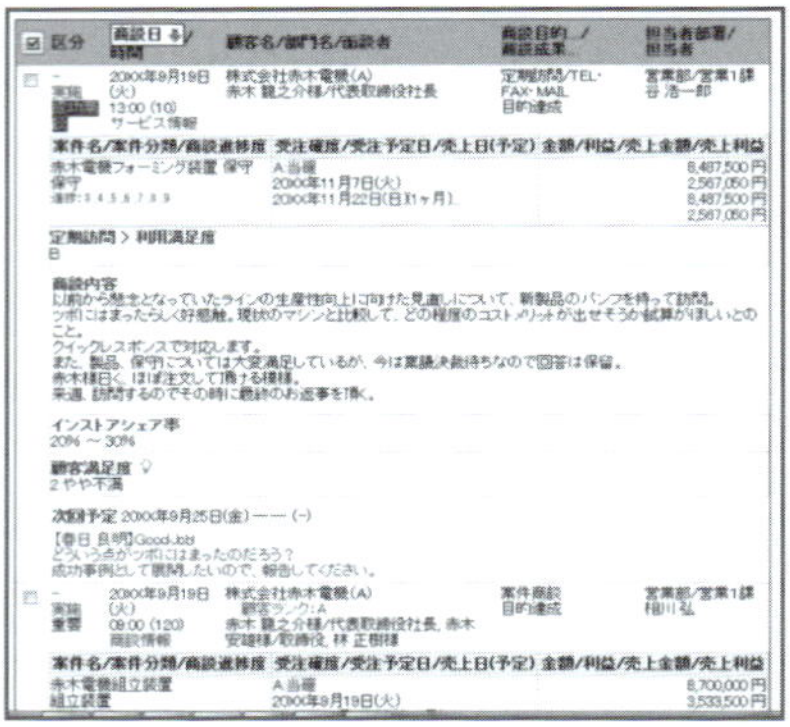

▼訪問企業に関する最近のクレーム

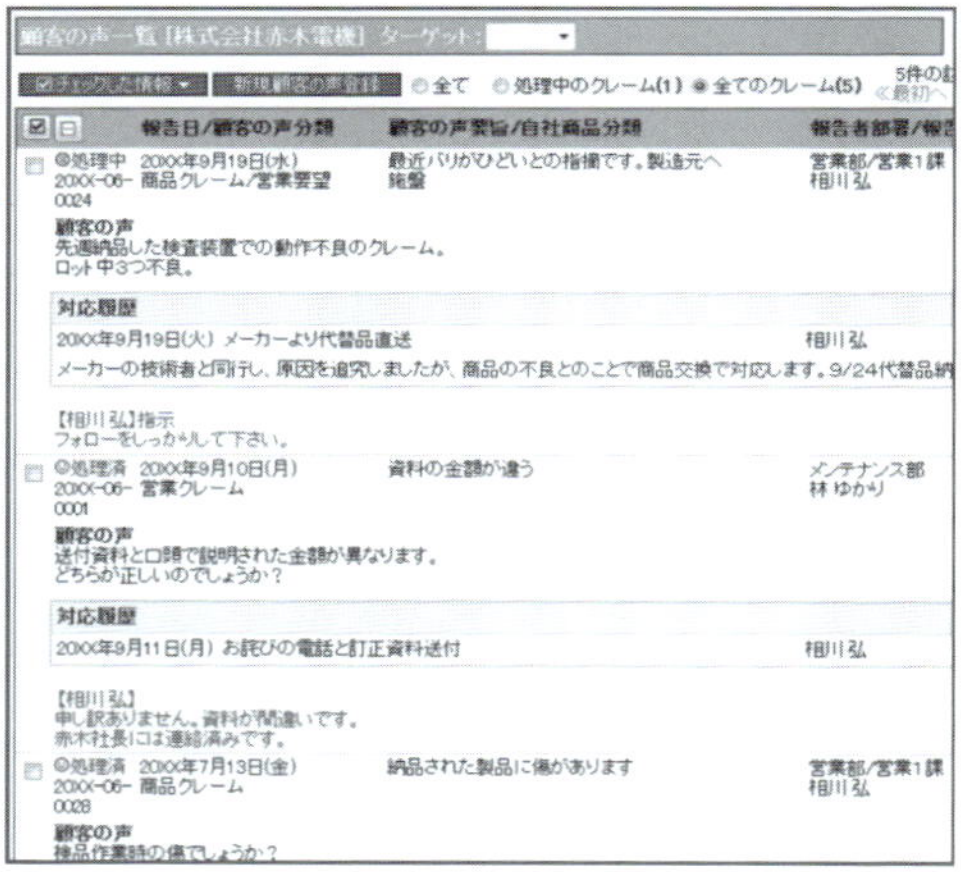

▼訪問企業の Web 検索結果

【電子秘書の訪問準備アシストの例】

▼訪問準備アシスト

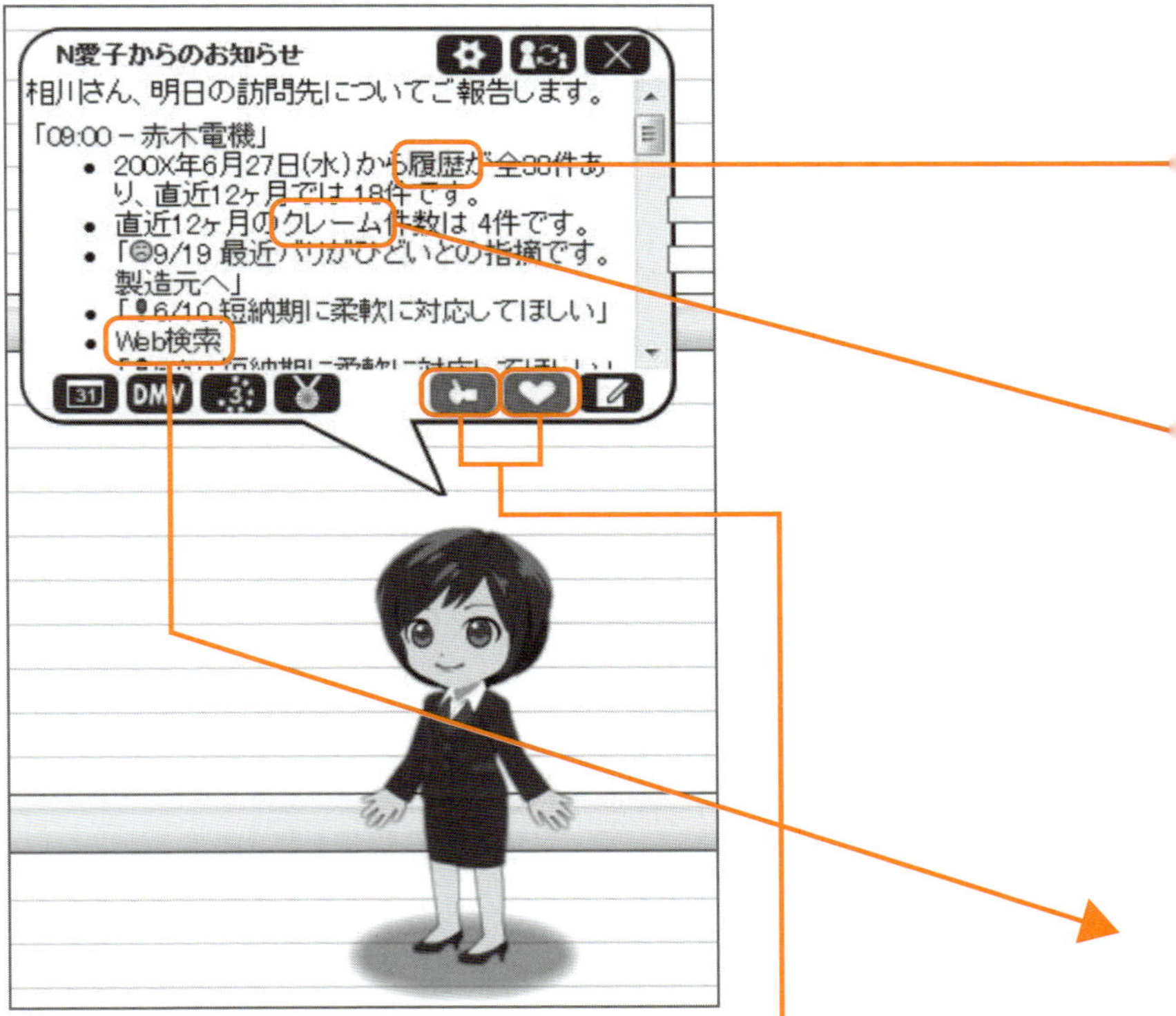
N愛子からのお知らせ
相川さん、明日の訪問先についてご報告します。
「09:00－赤木電機」
200X年6月27日(水)から履歴が
り、直近12ヶ月では18件です。
直近12ヶ月のクレーム件数は 4件です。
「9/19 最近バリがひどいとの指摘です。製造元へ」
「6/10 短納期に柔軟に対応してほしい」
Web検索
31
DMV

リアル秘書と違って、面倒くさがったりしません。

感謝を伝える
「GOOD JOB !」ボタン
「THANKS !」ボタン

ただし、「GOOD JOB!」や「THANKS!」のボタンを何回押したら電子秘書がレベルアップするかは、あえて秘密にしてあります。アシスタントレベルを上げたいためだけに、ありがたいと思っていないのに、ボタンを連打するようなことを避けるためです。

また、アシスタントレベルが上がると、新たに何をしてくれるかも秘密にしてあります。「次にレベルアップしたら、何を手伝ってくれるようになるのだろうか？」と、ワクワクしながら仕事に取り組んでもらいたいからです。

これは、ゲームデザイン⑪「予期しないサプライズ報酬を用意しておく」の狙いです。

★日報によって部下のリアルな能力向上につなげる

先述したように、電子秘書に渡しておいたメモ用紙は、時間順に1枚にまとめられた「デイリー・モニタリング・ビュー（DMV）」になります。そして1日の仕事が終わったら、プレーヤー（営業スタッフ）は、日報のように自分のDMVを上司に提出します。

上司は部下が提出してきたDMVを見て、よい仕事をしていると思ったら、「よくやったね！」、「GOOD JOB!」と、即時フィードバックします。

そのフィードバックは、電子秘書によって「GOOD JOB! ポイントランキング」として集計され、ランキング表示されます。

しかし、上司がほめるケースばかりではありません。部下が壁にぶつかっていたり、悩んだり、苦しんだりしているときもあると思います。

次ページのＤＭＶ例をご覧ください。

もしあなたの部下が、業務内容欄に「○○の資料を作成しましたが、予定通り進みませんでした」とだけ書かれたＤＭＶを提出してきたらどう対応したらよいでしょうか。上司の立場になって考えてみてください。

あなたとしたら、「できるまでやれよ！」と叱責したり、励ますことぐらいしかできないでしょう。

しかし次ページの例のように、業務内容欄に加えて一番下の次回予定欄に、「明日は別の業務で手いっぱいなので、明後日、△△の時に行った分析数値を参考にしながら、取り組んで仕上げてしまおうと思います」と書き込まれてあれば、次のようなさまざまな事前アドバイス、指導ができます。

「それでいいからしっかり頼むぞ」

「明日手いっぱいなら、□□君は手が空いてるようだから、手伝うように指示しておくね」

「△△もいいけど、それなら、◇◇のほうが今回の資料に合致してるぞ。メールしておくから使いなさい」

【営業スタッフが記入したDMVの例】

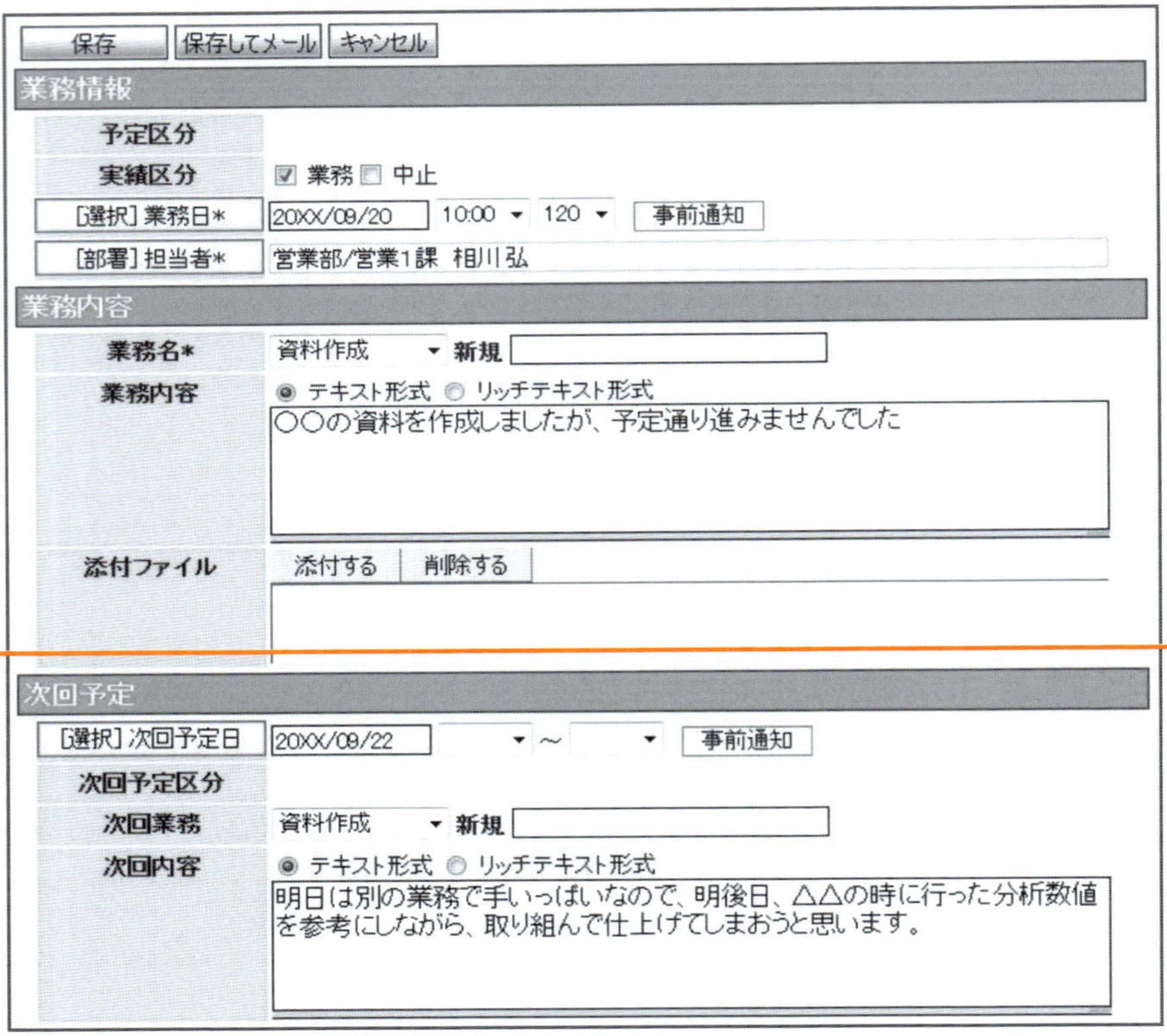

次回予定を記載するとエネコインをもらえる。
エネコインをもらうために次回予定を考えることが
学習クエストになり、力がつく。

【個人目標達成アシストの例】

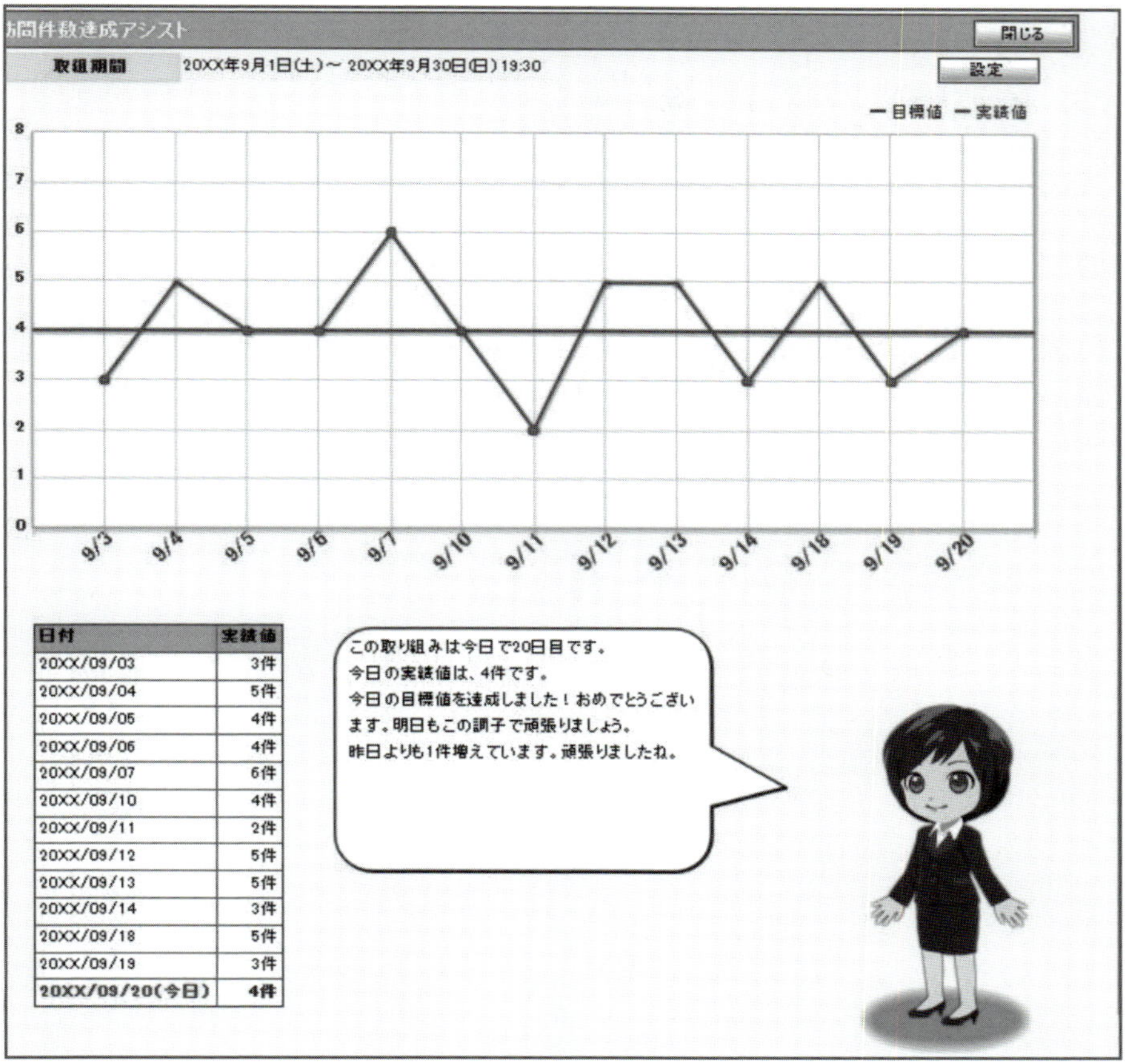

取組期間　20XX年9月1日(土)〜 20XX年9月30日(日)19:30　　　　　　　設定

― 目標値　― 実績値

日付	実績値
20XX/09/03	3件
20XX/09/04	5件
20XX/09/05	4件
20XX/09/06	4件
20XX/09/07	6件
20XX/09/10	4件
20XX/09/11	2件
20XX/09/12	5件
20XX/09/13	5件
20XX/09/14	3件
20XX/09/18	5件
20XX/09/19	3件
20XX/09/20(今日)	**4件**

この取り組みは今日で20日目です。

今日の実績値は、4件です。

今日の目標値を達成しました！おめでとうございます。明日もこの調子で頑張りましょう。

昨日よりも1件増えています。頑張りましたね。

電子秘書が、問題を見せてくれる。
問題が見えればクリアしようとする。

仕事を進める際に、次にどうするかを考えさせることは、本人を成長させるとても重要なポイントです。

ところが、「次にどうするか、常に考えながら仕事をしなさい」と、ただ口うるさく言っても、とくに若い人はなかなか実行できないものです。

しかし、このツールを活用すれば、上司は部下にこう言えば済みます。

「仕事メモの下のほうに、次回予定欄っていうのがあるだろう。あれを書くと、たくさんエネコインをもらえるらしいぞ」

こう促すことによって、若い人も自然と次にどうするかを考えながら仕事を進めるようになっていきます。これがゲームデザイン⑨の「リアルな能力向上につながる学習クエストを盛り込む」ということです。

★部下の頭の中に問題意識のアンテナを立てる

またこのツールには、前ページのような仕組みも内蔵されています。

グラフのギザギザの線が毎日の実績値で、4の数値の横棒が目標値を表しています。

ここでカウントする指標は、Ｐａｒｔ４のスコアカードの項目で説明した「先行指標」にすることがポイントです。

そこであげた例のように、月に10件の受注のために毎月50件の飛び込み訪問が必要だとすれば、50件という訪問件数をセットします。

月に50件の訪問ということは、1日に2件から3件訪問することが必要になります。これを目標値にします。そして、仕事メモを書いておけば、電子秘書が訪問件数の実績値を125ページのようにグラフにしてくれます。

さらに電子秘書が、「今日で何日目なのか」、「今日の実績値は目標値と比べてどうだったのか、昨日と比べてどうだったのか」を教えてくれます。

72ページで述べたように、目標や基準が明確になっていて、現在の進捗状況が見える化されていれば、頭の中に問題意識のアンテナが立ちます。

それによって、問題を克服する方法を自ら考え、本人の成長を促す「学習クエスト」を、このツールに忍ばせているのです。

営業活動をレース化して競わせる

どのような会社でも、組織をあげてある活動に全力投球しなければならない時期があると思います。たとえば、満を持して期待の新商品を市場に投入したので、営業部門をあげてＰＲに注力しよう、といった局面です。

そうした場合、ふつうは会議を通して新商品のPRに注力することを営業スタッフに通達するとか、メールでアナウンスするといった手段が取られると思います。

このツールでは、それをゲーム化して、左ページのように、「この期間、新商品のPR活動に注力するぞ。そして新商品PR件数をレースにするからな」とアナウンスします。

その際に、営業スタッフ全員を強制参加させてもよいのですが、そうすると〝やらされ感〟が漂ってしまいます。できれば、「こういうレースをやるけど、よかったら参加してみないか」と呼び掛けるかたちにするほうがよいでしょう。

ゲームデザイン⑥**「自発的に参加していることを意識させる」**ということです。

そして、実際にレースが始まると、132ページのように、自分がカスタマイズした電子秘書キャラクターが代理競走してくれます。

キャラクターにカーソルを合わせると、だれの代理なのか、何件の取り組みをしていて、現在何位かが表示されます。

参加者全員がこういう情報を見られることで、そこに意外な交流が生まれることがあります。

日頃あまり口をきかない営業スタッフどうしが、

「お前、いま12件で2位か……。おれは10件で3位だから、明日中に抜いてやるぞ」

【ゲーム参加の招待状の例】

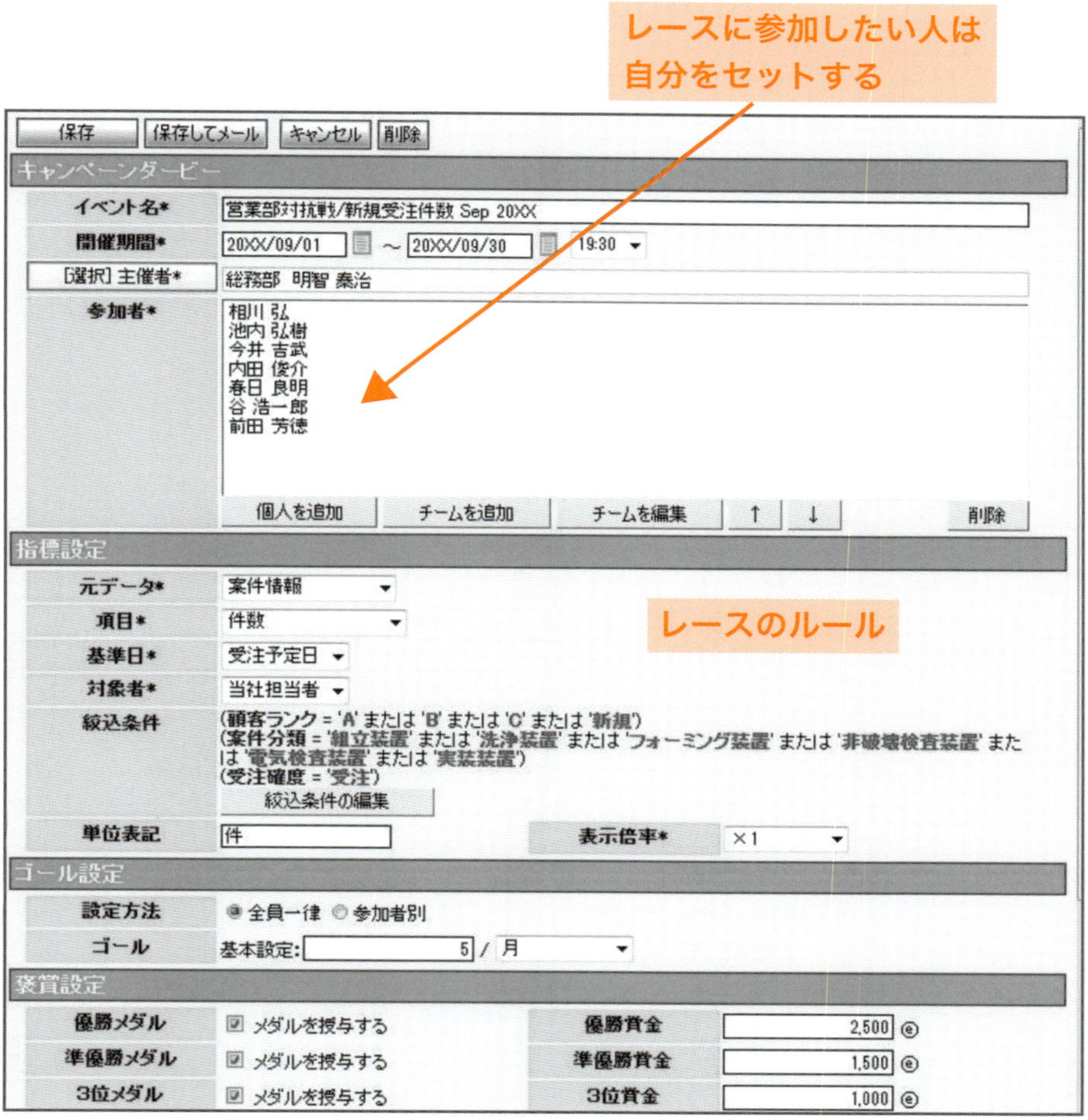

強制するのではなく、招待状形式にして自発的参加を促す。

「いやいや、おれも明日、相当頑張る予定だよ。さらに差をつけてやる」

と競い合ったり、

「お前の秘書って結構センスがいいじゃないか？」とか、

「あれ、なんかメダルがぶら下がってるけど、それってエネコインで買えたっけ？　どこで売ってるの？」

といった会話が生まれたりします。

これが、ゲームデザイン⑤で説明した「ソーシャル共有」です。

☆レースの最後まで頑張らせる工夫、勝者を讃える工夫を

レースの終わりが近づいてくると、電子秘書が「あと○日でレースが終了です」と教えてくれます。このとき、上司の出番が必要になることがあります。

レース展開が接戦ならよいのですが、かなり差がついてしまっている場合は、獲得ポイントの倍率を変更するのです。

「おい。まだ○日あるぞ。これまでは新商品ＰＲ1件につき1ポイントだったけど、明日からの○日間は、1件につき3ポイント獲得できるようにしておいた。5位以内の人は全員、優勝するチャンスがあるぞ」

とアナウンスして、最後まで頑張らせるのです。

つまり、ゲームデザイン⑩にあげた**「負けているほうが逆転できる可能性を残す」**ということです。

レースが終われば、133ページのような表彰台が表示されます。

そして、優勝者には金メダル、準優勝の人には銀メダル、3位の人には銅メダルが授与されます。電子秘書も誇らしげです。

また、表彰者の胸に星形バッジが付けられることがあります。

金メダルを5点、銀メダルを2点、銅メダルを1点として、獲得点数が10点を超えると、緑色のバッジを手に入れることができ、さらに、獲得得点が20点以上になると赤色のバッジを、30点以上になると青色のバッチを付けられます。いずれも、エネコインでは買えないレアアイテムです。

これがステータスになり、本人のプライドをくすぐります。そして、次のような心理も働きます。

「獲得点数が16点になった。もう1回優勝すれば赤色のバッジを付けることができる。せっかくだから赤色のバッジがほしいな。よし！　次のレースで絶対に優勝してやるぜ！」

【レースの画面例】

レースによって、いま自分がどこにいるのかが見える化される。

【表彰台の画面例】

メダルやバッジはエネコインでは買えないレアアイテム。

こうした仕組みは、ゲームデザイン③の「バッジ（標章）効果」や、④の「コレクション効果」を活用したものです。

営業分野のIT技術と「仕事のゲーム化」

以上紹介してきた「Sales Force Assistant」は、いうまでもなくＩＴ技術を活用したツールです。

Ｐａｒｔ2で、木下藤吉郎の清洲城三日普請の話や仮装スゴロク朝礼の話を紹介しましたが、「仕事のゲーム化」は、ＩＴ技術がなければ考えられないというものではありません。

しかし、ＩＴ技術によってさまざまな効果を期待できることは、本章の説明でよくおわかりいただけたと思います。

ＩＴシステムに詳しい方はご存知かもしれませんが、営業分野には以前から「Sales Force Automation」（略してＳＦＡ）というＩＴコンセプトがありました（１９９０年代初頭に米国で提唱）。

これはその名のとおり、ＯＡ（Office Automation）とＦＡ（Factory Automation）から派生した概念で、営業マネジメントや営業活動を自動化し省力化することを狙いとしたものです。

日本の企業でも導入が進められましたが、あまり成果を上げられませんでした。

その原因は、米国流に営業を自動化し、生身の人間を機械のように扱って管理を徹底する道具と化してしまったことにあるのではないかと思います。

そこには、人間不在の〝オートメーション幻想〟がありました。

スタッフを固定給で雇わず、「セールス・レップ」と呼ばれる個人事業主に対して歩合の報酬を支払う米国流の雇用慣行であれば、営業プロセス（営業自動化ライン）の中身が見え、マネジャーが受注（売上）見込管理（パイプライン管理・フォーキャスト管理）できれば、それでよかったのかもしれません。

しかし、日本企業の多くは固定給（歩合給があってもほんの一部）を支払い、未経験者も育成しながら営業活動をしています。そのため、ＳＦＡが営業マンの行動管理ツールと化してしまいました。

本章で紹介した「Sales Force Assistant」は、このＳＦＡの〝管理発想〟に一石を投じたツールです。

心理学者のエドワード・デシは、内発的動機付け（185ページ参照）の重要性を指摘していますが、『人を伸ばす力　～内発と自律のすすめ～』（新曜社）のなかで、内発的動機付けを阻害する要因は、「control」だと言っています。日本語訳の本では「統制」と訳されていますが、要するに管理のことです。

管理をすると人間は内発的に動機付けられにくいので、管理するのではなく、自律性を「assist」することが重要だと、デシは言っています。

「Sales Force Assistant」はゲーミフィケーション・ツールであると同時に、人の自律性をアシストし、仕事を支援する仕組みなのです。

Part 6

会社の課題を解決した「仕事のゲーム化」の実践事例

1 ゲームで営業マンのやる気に火をつけた会社の取り組み事例

「ストラテジック・セールス」とは

人口減少に突入したいまの日本は、マーケットがどんどん縮小しています。顧客が減っているので、従来どおりの営業活動をしていても売上目標は未達になってしまいます。

そこで多くの会社の営業現場では、「目標に達していないのだから、もっと訪問しろ！　もっと電話をかけろ！」と号令をかけ、売上目標を達成するために半ば強引に商品を売りつけることを奨励しています。

これはほんとうに正しい姿なのでしょうか。ニーズのない商品を無理やり販売することは、将来の売上機会を失うことになってしまうのではないでしょうか。

マーケット縮小時代には、一度買っていただいた顧客からリピートや紹介をもらえるような営業活動をしていかなければジリ貧になってしまいます。

こうしたことを危惧し、私たちは数年前から、「ストラテジック・セールス」という営業体系を提唱しています。

これは、「営業をする側に売らなければならない都合があるように、顧客のほうにも顧客の都合がある」ことを前提に、自社都合で売り込むのではなく、顧客の都合を聞く活動にパラダイムシフトした営業の仕組みです。

営業スタッフのミッションが変わる

こうした営業活動では、営業スタッフのミッションも、「話を聞く」、「調べる」、「情報を流す」ことの比重が高まってきます。

まず、見込客からニーズ、購入時期、予算といった情報を聞いたら、そこで売り込みをかけるのではなく、その情報を大事に溜めておきます。

そして「そろそろ買うぞ」という時期になったら、営業スタッフがコンタクトを取り、要求品質、予算、納期、契約のキーマン、タイミング、競合との関係性などを聞いたり、調べたり、逆に営業スタッフの側から情報を提供します。

こうして、売り手の都合で無理やり押し込むのではなく、購買決定に向けた地道な活動を展開し、喜ばれながら買うべくして買ってもらうのがストラテジック・セールスです。

さらに、受注や取引を始めた後も、リピートや追加商材の購入時期が近づいたら、また同じような営業活動を展開します。

もちろん、ときにはお客さまのニーズがなくなってしまったり、競合会社に注文を奪われたりすることもあります。そのときは事情をよく聞いて、次のチャンスを狙います。

このように、終わりのない営業サイクルを回しながら、安定的に、高い確率で、受注、売上を生み出す営業体系がストラテジック・セールスであり、最小投入で最大成果を生むことをめざす戦略的な取り組みです。

不景気のなかで求められた営業手法の転換

多くの会社では、研修やセミナーを通してストラテジック・セールスの考え方や手法を社員に教え込んでいますが、奈良県にある事務機器・事務用品販売業のA社は、仕事にゲームの要素を取り入れることで、自然にストラテジック・セールスを浸透させました。

A社では、「仕事のゲーム化」をスムーズに進めるために、Ｐａｒｔ５でご紹介した「Sales Force Assistant」というゲーミフィケーション・ツールを上手に活用しています。

以下、その取り組みを見ていきましょう。

A社は１９５１年の創業以来、高度経済成長の波に乗って順調に業容を拡大し、ピーク時には年商50億円に達しました。

しかし不景気のなか、昨今の業績は低迷しています。拠点は奈良県にある本社のみで、現在、営業スタッフ10名、サービススタッフ6名、営業事務スタッフ2名という陣容です。

営業部長を兼務している社長が、業績低迷に歯止めをかけるべく、新規開拓の武器として、オフィス用品通販・アスクルの代理店になったのは2年前のことです。

当時を振り返って、社長と営業マンの1人はこう語っています。

《社長の話》

以前は、既存客を相手にしているだけで売上が伸びました。お客さまがどんどん業容を拡大していましたから。

お客さまが新たに拠点をつくれば、そのぶんコピー機が売れました。また、コピー機を1台だけ使っていたお客さまも、リースが切れて買い替えるときには2台にしてくれたり、ね。いい時代だったなぁ。

でも、いまは真逆です。お客さまは業績不振で拠点を閉鎖するし、コピー機の台数も減らしています。社員のリストラも多いようで、コピー機のカウンター量も押しなべて減少傾向です。

既存客に対して営業しているだけでは、ジリ貧なのは明らかですね。

そこで私は４年ほど前から、取引のない会社に積極的に営業するよう、営業マンに指示しています。いわゆる新規開拓というやつです。

ところが、これがうまくいきません。わが社とは取引のない会社でも、必ずどこかからコピー機を購入しています。「どこか」というのは、わが社の競合です。この競合を押しのけてなかなか注文をもらえないのです。

やはり、長い間既存客ばかりを相手にしていたので、われわれの営業力が低下してしまったのでしょう。

そのことに気づいたときは、ほんとうに悲しかったですよ。

でも、このまま手をこまねいているわけにはいきません。だからアスクルの代理店になったんです。

競合からリプレイスしてコピー機を買ってもらう営業力がなくても、ボールペンやクリップなどの小物事務用品からお付き合いをいただいて、徐々にわが社のことをわかっていただけば、そのうちコピー機の受注にもつながるだろう、と考えたのです。

これで業績低迷に歯止めがかかる、そう思いました。ところがそんなに甘くはありませんでした。

うちの営業マンは相変わらず既存客ばかり訪問して、「忙しい」、「大変だ」と言っています。

アスクルを新規開拓の武器にするどころか、これまで当社から小物事務用品を購入してくれていたお客さまにアスクルを売ってきたりしちゃって……。

いったいどうしたらいいのか。2年前は八方ふさがりの毎日でした。

《営業マンS氏の話》

当時社長は、「新規開拓をしろ！　未取引先に売って来い！」って、いつも言っていましたね。

でも、そんなことをしてもムダだと思っていましたよ。どうせお客さんは買ってくれないし……。無下に断られると、へこむじゃないですか。

アスクルなんか売っても、あまり儲けにならないから、僕の売上目標の足しにはほとんどなりません。だからお客さんには、アスクルの話なんか全然伝えてなかったですね。

社長から「アスクルのほうはどうだ？」と聞かれたら、「頑張ってます！」って答えてましたけど……。

「仕事のゲーム化」に突破口を見出す

社長の話を続けます。

《社長の話》

途方に暮れていたころ、たまたま目にしたビジネス雑誌に「仕事のゲーム化」という記事がありました。興味を持って読んでいくうちに、「これが突破口になるかもしれない！」と思いはじめたんです。

それからわらにもすがる思いで研究したり、外部のコンサルティング会社の力を借りて、「Sales Force Assistant」を利用した仕事のゲーム化に取り組みました。

準備が整ったところで、私は10名の営業マンに向かってこう言いました。

「おーい、いまからゲームをやるぞ。ストラテジック・セールスゲームだ。君たちにはスパイになってもらう。君たちのミッションは、新しいお客さま情報の諜報だ」

みんな、私を見てキョトンとしていたなぁ。

A社の社長は、新規開拓活動に注力する必要があるにもかかわらず、活動が加速しないという悩みを抱えていました。

そこで社長は、これまでの〝とにかく売ってくる〟というやり方を変えようと思いました。

そして、未取引先に関する情報を収集することを重視したストラテジック・セールスを浸透させることを目的に、「仕事のゲーム化」（ストラテジック・セールスゲーム）を考えたのです。

このゲームは、営業マン個人と、メンテナンスサポート部隊や女性営業事務スタッフを巻き込んだチームが、未取引先に関するさまざまな情報を収集し、その収集量をレースで競うというシンプルなものです。

レース期間は3か月間。その間にいちばん多く未取引先からの情報を収集した営業マン、チームが優勝です。

諜報活動によって見込客の〝ダム化〟をめざす

A社が取り組んだストラテジック・セールスゲームの様子を見ていきましょう。

10名の営業マンには社長から、「君たちにはスパイになってもらう。君たちのミッションは、新しいお客さま情報の諜報だ」と伝えています。

この社長の命令によって、ゲーミフィケーションの条件①にあげた**「何をすべきかが、明確になっている」**状態になりました。

ただし、若い営業マンのなかには、どんな情報を聞いてくればよいかよくわからない者もいるかもしれないと考えた社長は、簡単な仕組みを用意しました。

Part5の「Sales Force Assistant」の説明のなかで、何度も電子秘書が登場しましたが、営業マンは自分専属の電子秘書に、お客さま情報をメモにして伝えます。社長はこの情報メモに、諜報してきてほしい情報をリストアップしておきました（次ページ参照）。

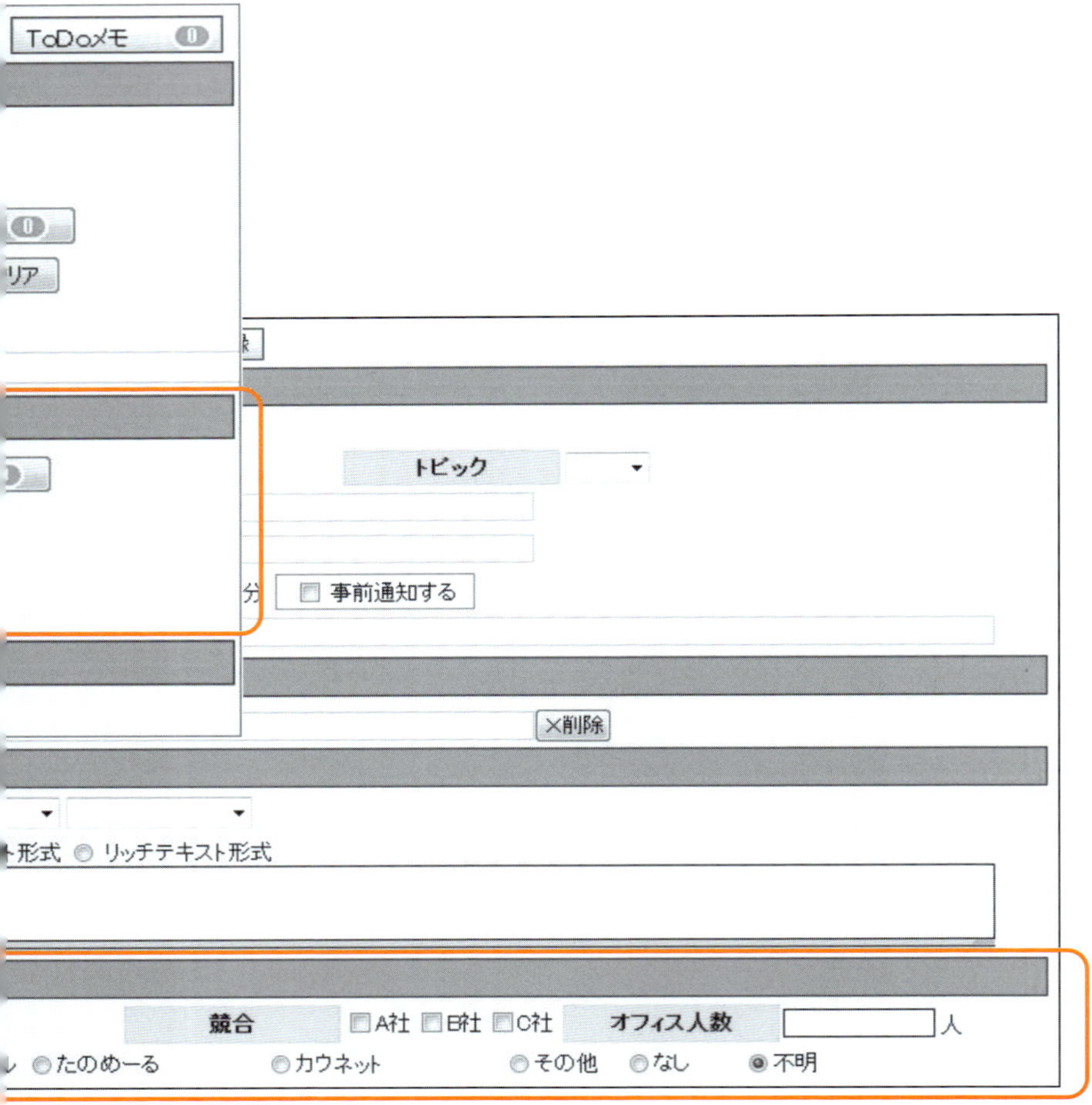

課報してきてほしい項目を標準化することで諜報活動を組織的に行う。

【電子秘書に渡す情報メモ】

電子秘書に見込化・案件化したことを伝える

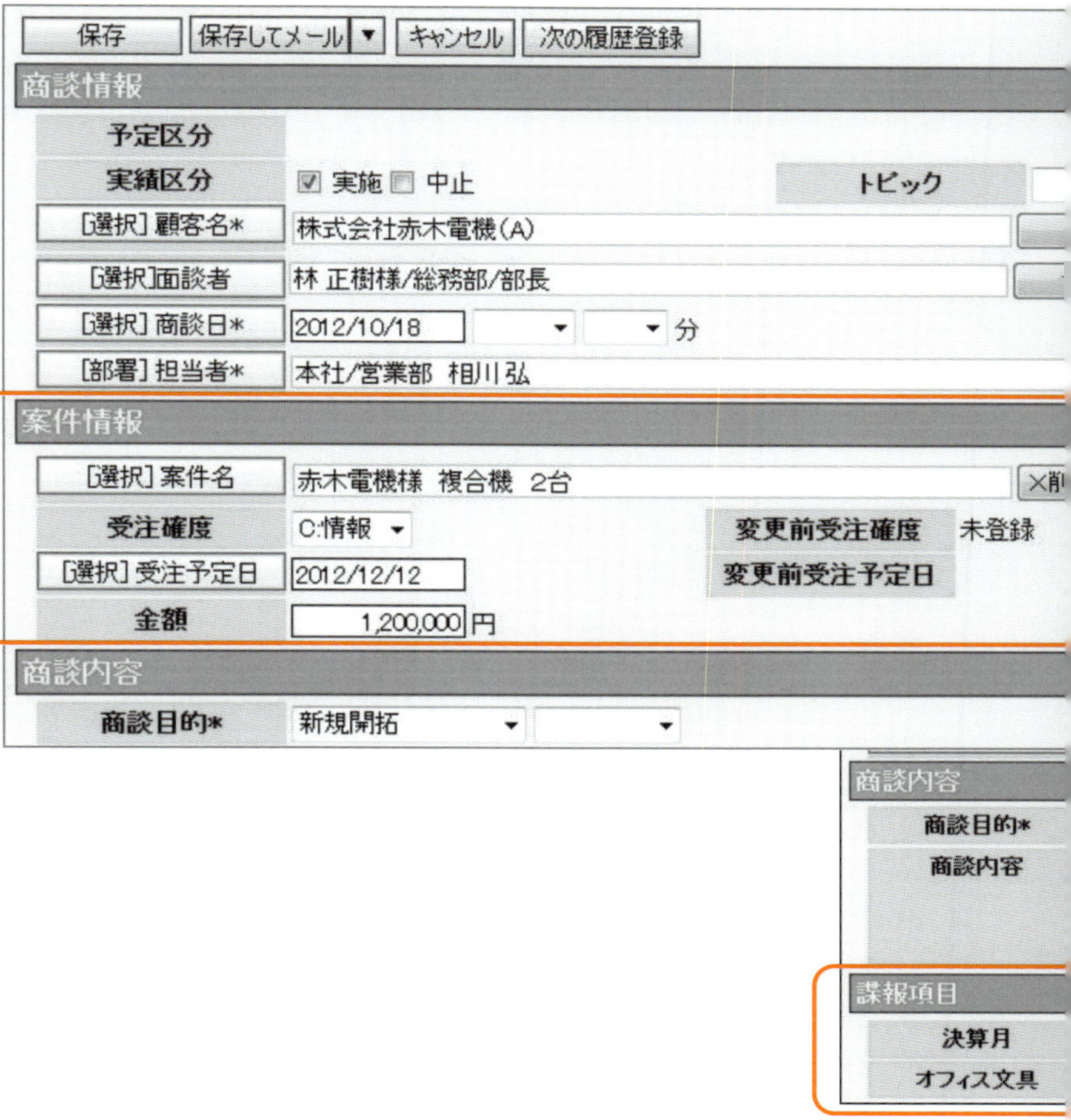

まず、A社はコピー機を販売していますから、見込客の予算取り時期を考慮する必要があります。

さらに、決算月が何月なのか、現在はどこの会社と付き合っているのか、コピー機はどのメーカーのものか、といった情報をつかんでおくことがとても重要です。

また、A社はアスクルの代理店になっているので、見込客がすでにオフィス文具通販サービスを利用しているかどうかも重要な情報になります。

さらに、そのオフィスで何人の社員が働いているかという基本情報も非常に重要になります。

このように、知りたい情報をあらかじめリストアップしたことで、A社は、漫然とした情報収集ではなく、組織的な諜報活動を行うことができるようになりました。

そして、営業マンが情報を集めてくると、電子秘書が左に掲げたようなリストを作成してくれます。このリストがA社にとっての見込客の〝ダム〟になります。

オフィス人数	オフィス文具ベンダー
31	なし
33	なし
61	なし
50	なし
31	なし
45	なし
77	なし
85	なし
85	なし
33	なし
45	なし
31	なし
51	なし

【A 社の見込客リスト】

▼リストの条件

ターゲットリスト（顧客プロフィール）	
名前*	30人以上、オフィス文具ベンダーなしダム
担当者*	営業部 相川弘
公開設定	■公開する
リスト用途	☆お気に入り
リスト内容	自動
一覧	ターゲット一覧
検索条件	(オフィス人数 >= '30') (オフィス文具 = 'なし')

条件に基づき、電子秘書が
見込客の"ダム"を自動作成。

☑		顧客名 ⇧	顧客ランク	当社担当者	住所	TE
□		あやめ池化学株式会社	新規	相川 弘	奈良市***丁目**-*	07
□		ソフトバランス・サービス株式会社	新規	相川 弘	香芝市***丁目**-*	07
□		ブルーハット生駒店	新規	相川 弘	奈良市***丁目**-*	07
□		ブロード株式会社	新規	春日 直也	奈良市***丁目**-*	07
□		ホームバックス産業株式会社	新規	相川 弘	奈良市***丁目**-*	07
□		ヤマダキカイ株式会社	新規	相川 弘	奈良市***丁目**-*	07
□		王子興産株式会社	新規	春日 直也	奈良市***丁目**-*	07
□		橿原マート株式会社	新規	内田 俊介	橿原市***丁目**-*	07
□		株式会社新田機械	新規	相川 弘	天理市***丁目**-*	07
□		株式会社赤木電機	新規	相川 弘	奈良市***丁目**-*	07
□		喜八エンジニアリング株式会社	新規	谷 浩一郎	奈良市***丁目**-*	07
□		郡山商事株式会社	新規	内田 俊介	大和郡山市***丁目**-*	07
□		山城建設株式会社	新規	谷 浩一郎	大和郡山市***丁目**-*	07

☆「仕事のゲーム化」に最初は困惑した営業マンたち

当初A社の営業マンは、社長の命令をどう受け止めたのでしょうか。営業マンはこう語っています。

《営業マンM氏の話》

ほんとうにびっくりしましたよ。

だって、いつも眉間にシワを寄せながら、しかめっ面で「まじめに仕事しろ!」、「営業マンの成果は数字だ!」なんて言っていた社長が、突然ニコニコしながら、「おーい、ゲームをやるぞ!」なんて言い出したんだから。

意表を突かれちゃって、思わず、「え? おれたちがですか? 仕事中にゲームですか? いいんですか?」って言っちゃいました。

でも、社長の命令なので無視するわけにもいかないじゃないですか。

確かそのときは、小さな声で「……わかりました」って答えたんじゃないかなぁ。

あとでみんなで集まって、「社長 また変なコンサルタントに訳のわからないことを吹き込まれてきたんじゃないの」なんて話をしたのを覚えています。

《営業マンH氏の話》

売らないといけないのに、「聞いて来い」とか「諜報しろ」って急に言い出して、いったいどうしたんだろう、と思いましたよ。社長は、「ストラテジック・セールス」って言ってたけど……。

「売ろうとせずに、聞いてくるほうが、結果として売れる」って言ってたけど、そのときは全然信じてなかったですね。

《営業マンK氏の話》

最初は嫌々だったなぁ。「ダムって何なんだろう?」と思っていました。

でも、〝ダム〟にリストアップされる未取引先がだんだん増えてくると、ちょっとうれしい気分になってきましたね。

ほとんどの営業マンは、社長の命令にかなり戸惑ったようです。しかし、しぶしぶでもゲームに参加していると、149ページのように自然と見込客の〝ダム〟が整備されていきます。

これは、ロールプレイングゲームでいうと、さまざまなアイテムが集まってきた状態といってもよいと思います。私（清永）は、「ドラゴンクエスト」をやっていて、ロトの剣とか水鏡の盾を手に入れたときはとても興奮したものです。

★営業スタッフ全員をゲームに取り込んでいく

ゲームが始まると、10名の営業マンはスパイとしてお客さまの情報を集めてくるのが日課となりました。

だれがどのくらい情報を集めてきたかということは、電子秘書が132ページのようなレース画面で一目でわかるようにしてくれます。

これで、ゲーミフィケーションの条件②、**「自分がいまどういう状態なのかが、すぐにわかる」**状態になります。

諜報活動によって新たに獲得してきた情報を登録すると、営業マンは電子秘書にほめてもらえます。

さらに、レースの状況も教えてくれ、「レースの順位が昨日より上がっています。さすがです。この調子でいきましょう」などと営業マンを励ましてくれます。

これは、ゲーミフィケーションの条件③である**「アクションに対して、すぐに反応がある」**状態です。

先述のように、A社では営業マンによる個人戦レースとあわせて、チーム対抗戦レースも行いました。

営業マン全10名を、2名ずつのコンビにし5チームをつくりました。各チームにメンテナンスを行うサポート部隊のメンバーや営業事務女性スタッフを1名または2名加え、チーム全員で3名または4名となる編成としました。

日頃あまり目立つことのない営業事務スタッフやサポート部隊のメンバーのなかには、自分のためというよりも、チームのためにこそ頑張れるという性格の人がいたこともあり、チームの一体感が高まりました。

営業事務スタッフが電話でお客さま対応をしたときや、サポート部隊が修理で客先訪問をしたときにも、積極的に課報活動を行うようになり、自然と〝ダム〟の見込客数が増えていきました。

ターゲットリストの作成から見込客の訪問へ

この〝見込客ダム〟は、単なる顧客リストではありません。たとえば、オフィスの人数が30名以上いて、かつ、現在、アスクルもたのめーるもカウネットも使っていない、つまり、「アスクルを切り口に新規開拓をしやすい会社」という絞り込まれたターゲットリストにすることができます。

相手はこれまで取引がないので、いきなり本業であるコピー機の商談にはならないだろうから、まず、手軽に契約してもらえるアスクルのサービスから徐々に入り込んでいこうという作戦です。

そして、いよいよターゲットリストの見込客への訪問が始まります。もちろん最初は、なかなかコピー機の商談にはつながりませんでした。

しかしそんなときでも営業マンはスパイとして、競合他社のどこからコピー機を購入しているのか、その会社から購入した理由は何なのか、次の買い替え時期はいつごろなのかといったことをさりげなく諜報してきました。

しばらくその相手先は〝見込客ダム〟に逆戻りすることになりますが、次回の買い替え時期には、諜報内容を踏まえて再度アプローチすることになります。

そして少しずつですが、訪問先で「ちょうどいま使っているコピー機が買い替え時期なので提案してほしい」といった話が持ち上がるようになりました。

このように、受注につながりそうな話が出たら、営業マンは見込化・案件化したことを電子秘書に伝えるために案件登録をします。

併せて、電子秘書に渡すメモ用紙の案件情報欄に受注予定日、受注確度、受注予定金額も記入しておきます（146〜147ページ参照）。すると電子秘書がそれを整理して、156〜157ページのような全社の見込案件を集計し一覧にした見込表を作成してくれます。

電子秘書と二人三脚で受注をめざす

この見込表は、縦軸がどの程度受注できそうかという受注確度、横軸がいつごろ受注できそうかという受注時期になっています。

1か月経過すると、それぞれの見込案件が、1か月分左側に動きます。まだ受注予定日が先の（右側にある）受注見込案件は、受注確度が低くても（下の方にあっても）よいけれど、時期が近づく（左側に動く）につれて、品質、予算、タイミング等の購買決定要因を諜報しながら徐々に受注確度を上げていく（上に動かしていく）活動を行います。

案件が時の経過とともに徐々に左上に進んでいく様子は、遊園地の観覧車のゴンドラが回る様子に似ています。

そして、この観覧車を回す（見込表にある案件を左上に動かす）際にも、電子秘書が営業マンを応援してくれます。

たとえば、あるタイミングで諜報すべきことをうっかり忘れていたり、受注リードタイムが長い案件を放置してしまっている場合には、イエローカードで教えてくれます。

どんなに優秀な営業マンでも、人間ですから抜けや漏れがあるものです。電子秘書がこうしたときに警告してくれることで、営業活動の質を高めていきます。

受注するための決め手を欠いて、商談進捗が滞っているような場合には、157ページのように

【電子秘書がつくってくれる見込表】

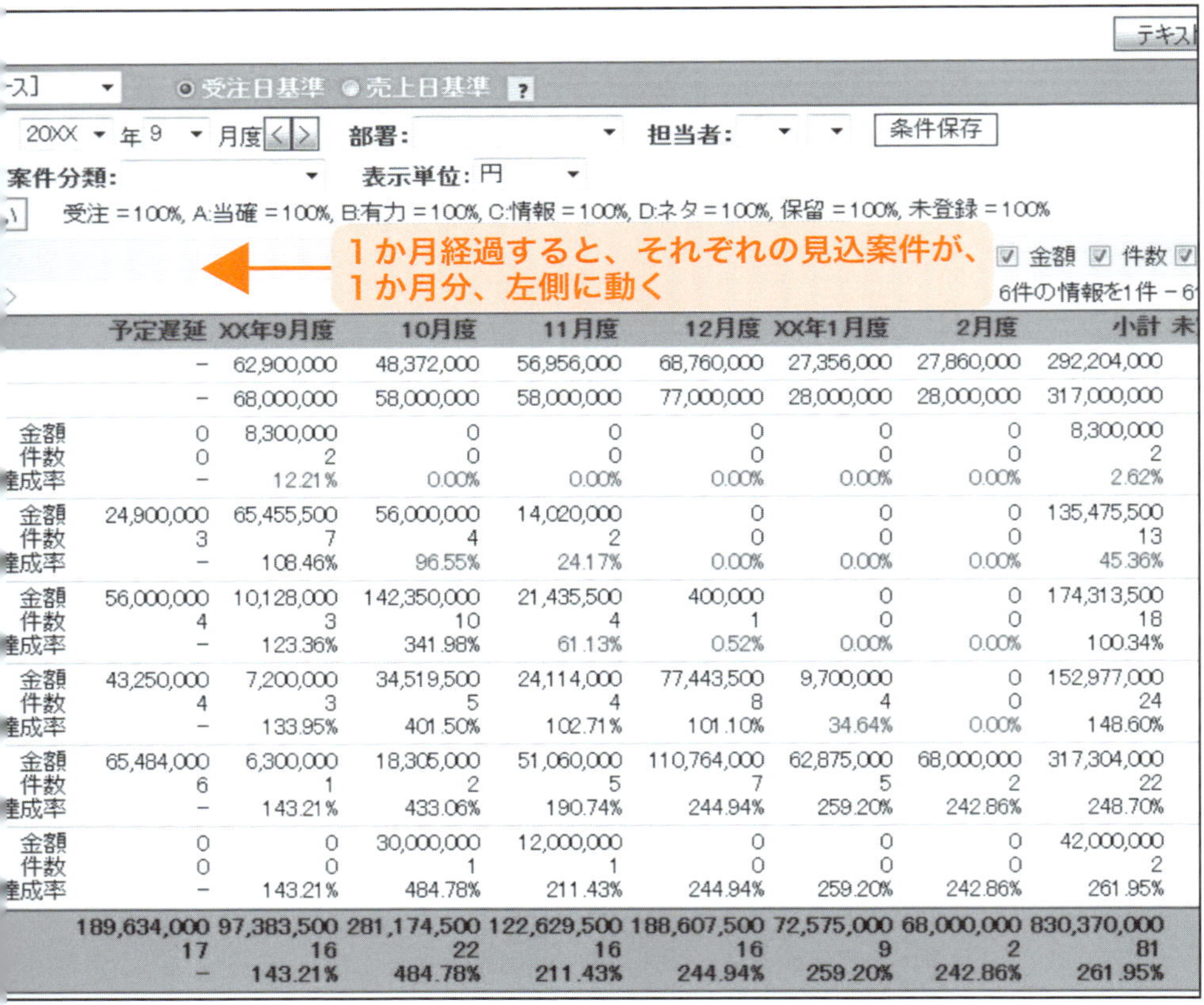

	予定遅延	XX年9月度	10月度	11月度	12月度	XX年1月度	2月度	小計
	−	62,900,000	48,372,000	56,956,000	68,760,000	27,356,000	27,860,000	292,204,000
	−	68,000,000	58,000,000	58,000,000	77,000,000	28,000,000	28,000,000	317,000,000
金額	0	8,300,000	0	0	0	0	0	8,300,000
件数	0	2	0	0	0	0	0	2
達成率	−	12.21%	0.00%	0.00%	0.00%	0.00%	0.00%	2.62%
金額	24,900,000	65,455,500	56,000,000	14,020,000	0	0	0	135,475,500
件数	3	7	4	2	0	0	0	13
達成率	−	108.46%	96.55%	24.17%	0.00%	0.00%	0.00%	45.36%
金額	56,000,000	10,128,000	142,350,000	21,435,500	400,000	0	0	174,313,500
件数	4	3	10	4	1	0	0	18
達成率	−	123.36%	341.98%	61.13%	0.52%	0.00%	0.00%	100.34%
金額	43,250,000	7,200,000	34,519,500	24,114,000	77,443,500	9,700,000	0	152,977,000
件数	4	3	5	4	8	4	0	24
達成率	−	133.95%	401.50%	102.71%	101.10%	34.64%	0.00%	148.60%
金額	65,484,000	6,300,000	18,305,000	51,060,000	110,764,000	62,875,000	68,000,000	317,304,000
件数	6	1	2	5	7	5	2	22
達成率	−	143.21%	433.06%	190.74%	244.94%	259.20%	242.86%	248.70%
金額	0	0	30,000,000	12,000,000	0	0	0	42,000,000
件数	0	0	1	1	0	0	0	2
達成率	−	143.21%	484.78%	211.43%	244.94%	259.20%	242.86%	261.95%
	189,634,000	97,383,500	281,174,500	122,629,500	188,607,500	72,575,000	68,000,000	830,370,000
	17	16	22	16	16	9	2	81
	−	143.21%	484.78%	211.43%	244.94%	259.20%	242.86%	261.95%

【電子秘書の「サクセスアシスト」】

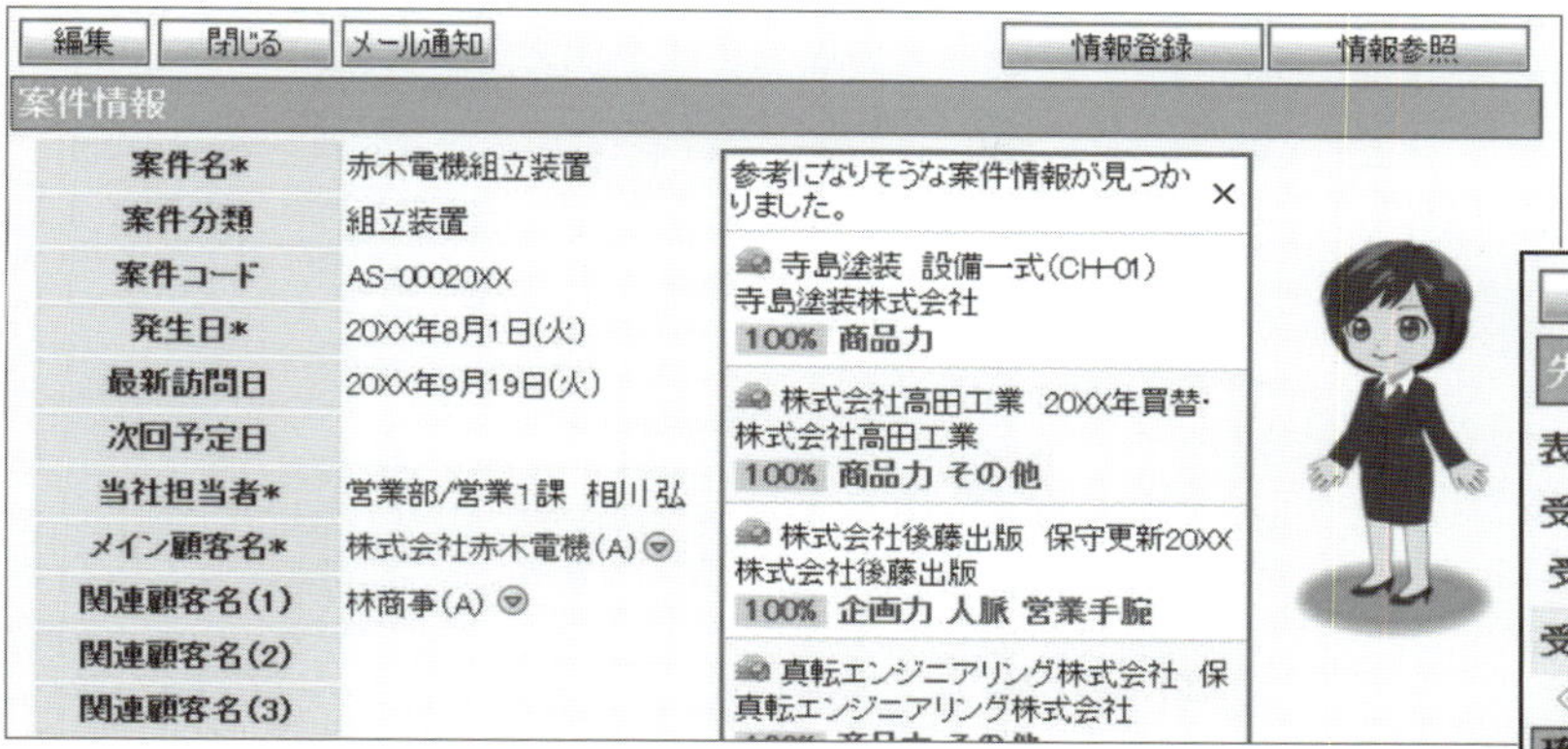

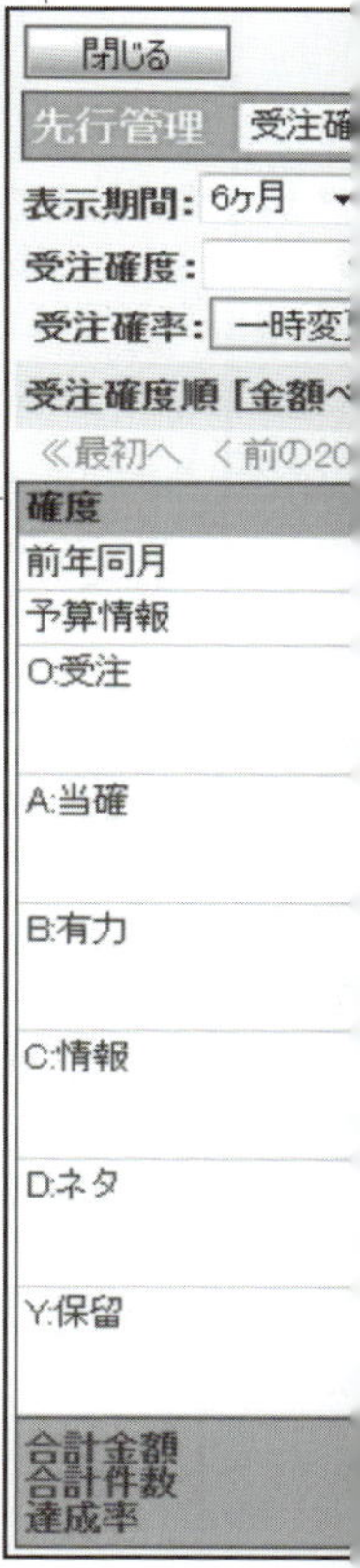

電子秘書の「サクセスアシスト」で、
観覧車の回転をスムーズにする。

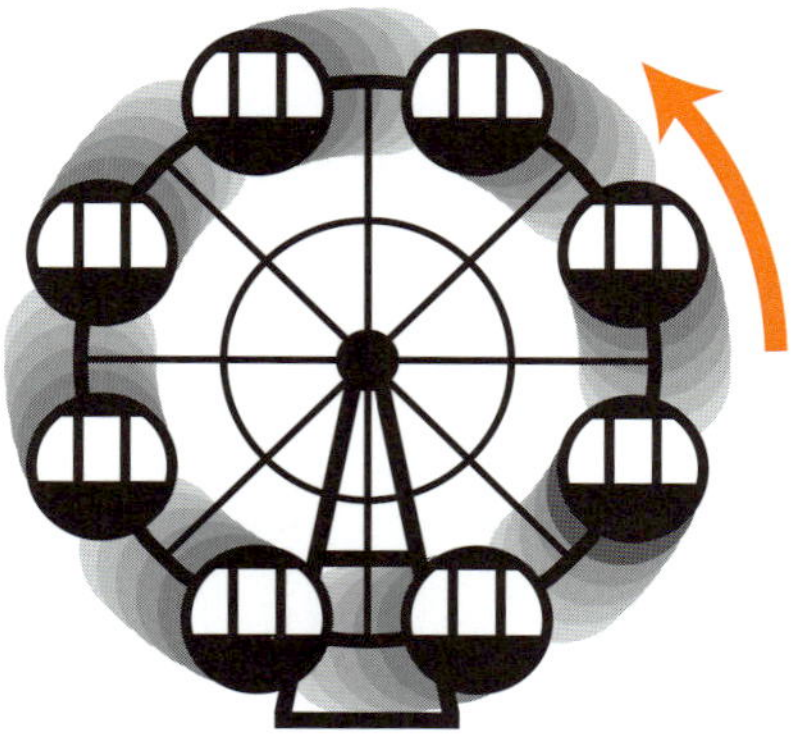

参考になる類似案件を「サクセスアシスト」として営業マンに教えてくれます。

営業マンは電子秘書がパスしてくれた「サクセスアシスト」の類似案件を調べることで、どのように受注したかという商談経緯を確認したり、類似案件に提出した資料を参考にしたり、受注した後客先でどのような効果があったかを確認し、自分が受注したい（観覧車を回したい）案件の商談に活かします。

現実の仕事で、いまひとつ攻め手に欠ける案件を扱っているとき、「もし自分に秘書がいたら、いろいろ手伝ってもらえるのに……」と思ったことがある営業マンも多いでしょう。

A社の営業マンはイエローカードや「サクセスアシスト」など、電子秘書に助けられながら観覧車を回していきました。

営業マンのモチベーションを高める電子秘書のアシスト

そうこうしていると、電子秘書から左ページのような見込客の決算月情報が送られてきます。

仕事をゲーム化しても、営業マンのモチベーションが常に高いわけではありません。ときにはやる気の出ない日もあります。そんなとき、電子秘書からのこうしたお知らせがとても有効だったと言う営業マンがいます。

【電子秘書からの決算月のお知らせ】

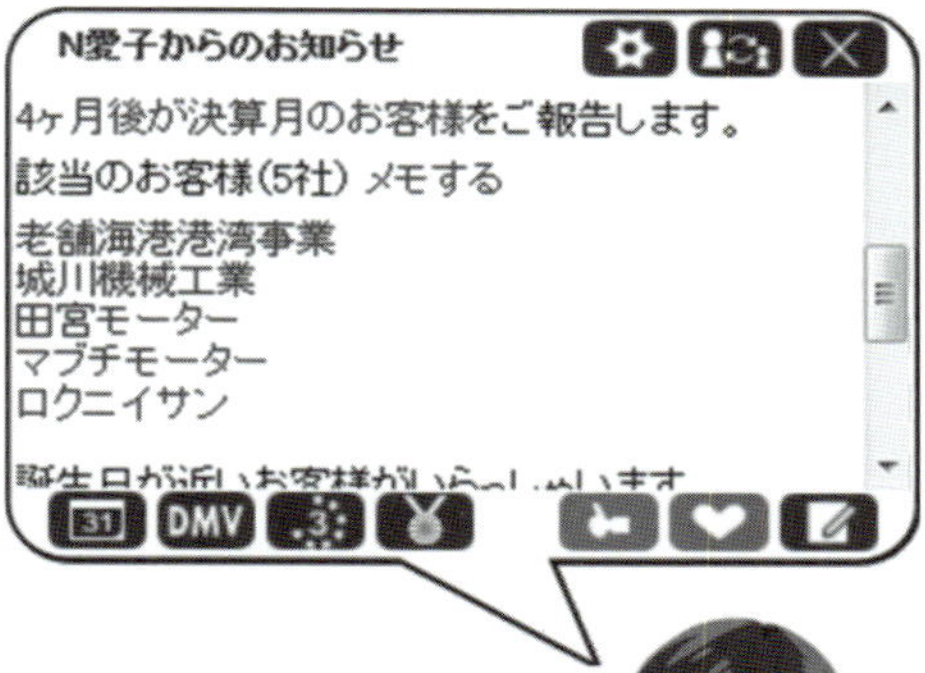

顧客基礎情報に決算月をセットしておけば、
電子秘書が教えてくれる。

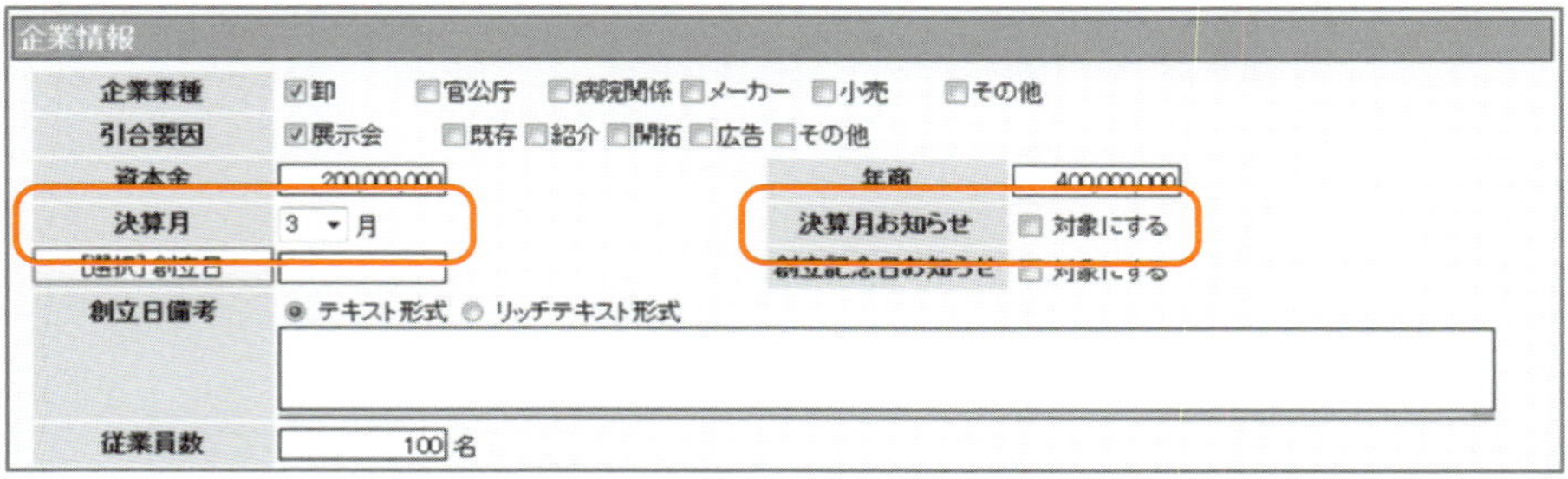

《営業マンU氏の話》

電子秘書の決算月お知らせ機能っていうんですか？　あれはありがたかったですね。おれは気分屋なのか、いまひとつやる気が出ない日っていうのがあるんです。特に理由はないけど、やる気が出ないからダラダラ営業する感じです。

そうするとお客さんの反応も悪いから、余計にやる気がなくなってスランプに陥っちゃうわけです。そんなことがここ数年何度かあったんです。

そんなときにも、こういうお知らせが急に来るものだから、「そうか、決算月か。じゃぁ、いっちょ行ってみようか！」という気になりましたね。


彼は、電子秘書が決算月を知らせてくれた会社を訪問してみて、見事受注につなげた経験が何度かあるそうです。

たまたま予算が余っていたのかもしれませんし、税金対策だったのかもしれませんが、受注できたというのはうれしいことです。

受注すれば、ボーナスエネコインを獲得できます。そして、電子秘書は、「受注おめでとうございます。やりましたね。私もうれしいです」と、拍手しながら一緒に喜んでくれます。

《営業マンU氏の話》

なんか、電子秘書に踊らされてるような気もするけど、やっぱりおれ、営業マンなので、受注するとテンションが上がるわけですよ。

電子秘書が拍手して一緒に喜んでくれるので、お礼にプレゼントを送ってあげちゃったりね。

受注するとボーナスエネコインがもらえるから、ちょっと奮発して、前から狙ってた黄色の靴を買ってあげたり……。

あ、これ、なんだか恥ずかしいですね。

ゲームにハマっていく営業マンたち

社長から「仕事のゲーム化」を言われて最初は戸惑っていた営業マンたちも、だんだんその〝魔力〟にハマっていきました。

《営業マンY氏の話》

訪問したときのお客さんの反応がいいもんだから、ちょっとやる気になってきましたね。

そんなときに、電子秘書から「レースの順位が上がっていますよ」なんて言われましてね。

最初は、「レースって何なんだよ。ふざけてるのかよ！」と、あまり気にもしてなかったんですけど、だんだん順位が気になり始めました。

「おっ！　おれ、2位だ。あと○ポイントで1位か……。せっかくだから1位をめざそうかな」なんて思っちゃったりして。

たぶん、みんなも同じだったんじゃないかな。

これは、対戦型ゲームでライバルに勝とうと燃えている状態といっていいでしょう。

この営業マンのY氏は、電子秘書に言われたり、レース画面を見たりして、自分が1位をめざせることに気づき、がぜんやる気が出てきました。

Part3で、可視化経営は仮説→検証スパイラルを高速回転させていくための実行エンジンだということを説明しましたが、この事例でも、「見えれば気づく→気づけば動く→動けば変化する→変化を可視化する」というサイクルを見ることができます。

このときのレースで、Y氏は残念ながら1つ順位を落として3位になってしまいました。

彼はこう言っています。

《営業マンY氏の話》

途中まで2位だったのに、最後の最後でベテランの先輩に抜かれちゃって3位になってしまいました。銅メダルをもらったけど、悔しかったなぁ。

おれを抜いて2位になった先輩は、最初、「ゲームなんかやってられるか!」とか、「おれはゲームに参加しないぞ。お前も参加してるフリだけしとけよ」なんて言っていたのに(笑)。

でも、次は絶対1位になってやりますよ。こんなの楽しんだ者勝ちですからね。

じつはいま、次のレースに備えて、自分のテリトリーの未取引先の業績をネットで調べて、「Sales Force Assistant」に登録したりしているんですよ。

業績がよくて儲かってる会社に行くほうが、前向きな話になって受注しやすいんじゃないかと思ってね。

あ、これ、他の奴には内緒ですよ。みんなやり出したら、またおれ勝てなくなっちゃうもん。

彼が次のレースでは1位になってやろう、と思って作戦を立てている様子は、「ドラゴンクエスト」でいえば、どうやって竜王を倒そうかとか、このダンジョンをどう迷わずに抜けていこうかと思案している状態に近いといえます。

★仕事を楽しめるようになってきた営業マンたち

以上紹介してきたような「仕事のゲーム化」に取り組むことで、A社の営業マンは新規客への訪問を楽しめるようになってきました。

そして実際、ターゲットリストのなかの会社を訪問してみると、以前営業活動をしていたときと比べて相手の反応がよいことを、営業マン自身も肌で感じるようになってきています。

《営業マンT氏の話》

以前も、社長が「未取引先に行け、行け」ってうるさかったので、たまには訪問していたんですが、受付で門前払いされちゃったり、先方の総務部長に会えても、全然話を聞いてくれなかったりで、散々でした。

だから、だんだん未取引先に訪問するのが嫌になっちゃって……。そして、訪問なんかしてないのに、「本日の未取引先訪問件数は3件です」なんて社長に嘘の報告をするようになっていましたね。

それが、見込客の〝ダム〟にリストアップされた会社を訪問すると、反応が以前とは全然違うんですよね。なんとなく手ごたえがあるっていうか……。「よい情報を持ってきてくれてありがとう」なんて言われたりね。

もしかして、おれのトークが上達したのかもしれないですね（笑）。

《営業マンW氏の話》

最初は、売ろうとせずに情報を聞いてくるほうが、結果として売れるなんて、全然信じてなかったですね。「営業は売るのが仕事だ。売ってなんぼだ！」と思ってましたから。そう思いながら大して売ってなかったんですけどね（笑）。

いまは違いますよ。おれたちに売りたいと思う都合があるように、お客さんにも都合があるんだから、お客さんの事情や都合を聞いてきて、売れるであろうお客さんのところに絞って売りに行くと喜ばれるもんね。

この考え方、ストラテジック・セールスっていうんでしょ。無理に売り込まず、戦略的に進めていくというのは当たり前のようだけど、目からウロコでした。

《営業マンN氏の話》

最近は自分でも、営業が上手くなったような気がします。これまでは、製品のメリットを誇張してでも伝えて、お客さんを上手く丸め込まないといけない、と思っていました。

でも今回のゲームをしているうちに、それではダメだな、と思いました。結局、ムダな活動が多くなって成果にはつながっていなかったのです。売り込もうと思うといけませんね。

でも、最近は未取引客に訪問するのが楽しくなってきましたよ。

以前は社長から、「お客さんのさまざまな情報を集めることは営業の重要な仕事だ！」とか、「ターゲットを絞って営業に行け」と口酸っぱく言われても、いまひとつ腑に落ちていなかった営業マンたちも、いまはだれもがその重要性が身にしみてわかっています。

★「仕事のゲーム化」で個人の成長と組織力の強化を実現

このようにA社では、どの営業マンも成長し、自分の仕事に自信を持ちはじめています。これは、仕事をゲーム化した大きな効用といってよいでしょう。

「ドラゴンクエスト」でも、ゲームを始めたばかりのころは、スライムといういちばん弱い敵に勝つのもギリギリです。体力が満タンのときはなんとか勝てますが、体力が落ちているときにスライムと出会うと負けてしまったりします。

しかし、ゲームを進めて経験値を積み、体力も増し、使える魔法も多くなり、ロトの剣などのアイテムを手にすると、状況が変わります。

スライムよりも明らかに強いサラマンダーなどの敵とも、互角の勝負ができるようになります。

ゲームを始めたときには散々苦戦していたスライムに出会うと、スライムのほうから怖がって逃げていくようになります。

こうしてキャラクターが成長することで、「進歩している」、「やればできる」という自信を実感でき、私は「ドラゴンクエスト」にハマってしまいました。

ゲームにハマってしまうのは、こうしたメカニズムが働くからなのですが、A社の営業マンもこれに近い状況になっていったのでしょう。

そして、だんだん会社全体の営業組織力も強化され、自然にストラテジック・セールスを実行できる営業部隊になっていったのです。

《社長の話》

いまではうちの営業マンは皆、何の抵抗もなく未取引先を訪問するようになりました。

うちはもともと体育会系で、売れない営業マンを厳しく詰問するような雰囲気があったので、果たしてゲームなんてできるだろうかと不安でしたが、予想以上の効果がありましたね。

何よりうれしいのは、ゲームを始めてから彼らが自分でいろいろ工夫するようになったことです。

私自身の反省もあります。これまで、「営業は数字だ」と言ってきました。私自身が、上司や先輩からそう言われてきたからです。

しかし、数字を上げるための具体的な方法を彼らに指導していたかというと、十分ではなかったように思います。

今回は、結果としての受注や売上の数字で競争するのではなく、結果を出すために必要な〝営業活動の量〟を競いました。じつはこれが大きなポイントだったのではないかと思うのです。

営業活動であれば、やろうという気さえあればだれでも取り組めます。だれでもレースの勝者になれるわけです。これがよかったように思います。

個人戦だけじゃなくて、チーム戦も行ったのですが、これもよかった。サービスマンや営業事務の女性が、自分のチームの営業マンの順位を気にして、応援していましたよ。こんな光景は、ここ数年見たことがなかった。うれしいかぎりです。

いま、来年度の事業計画を立てているんですが、去年までとは全然違いますね。去年までは、いろいろ構想しても、「どうせ笛吹けど踊らずだろうな」と諦めてしまう部分がありました。でも、うちの営業マンは大きく成長しました。来年度が楽しみですよ。

2 それぞれの課題をゲーム化導入で解決した4社の事例

ご紹介してきたA社以外にも、「仕事のゲーム化」に取り組んで成果を上げている会社はたくさんあります。

次ページ以降、社長の頭を悩ませて続けていた問題を解決するために、「仕事のゲーム化」を考えた4社の取り組みを紹介します。同じような問題を抱えた会社も多いと思います。ぜひ参考にしてください。

【事例1】営業マンが隠している見込案件をオープン化

☆受注と切り離して創出案件数をレース化

兵庫県にある設備機器販売・施工業のE社の営業部では、ずっと見込案件の〝隠し玉〟が横行していて、それが社長の頭痛の種でした。

この業界の営業活動では、案件の情報入手から受注までのリードタイムが長期間にわたるケースがほとんどです。

営業マンは、案件失注を会社に知られるのを恐れるあまり、ほぼ受注が確定するまで、その案件の存在を会社に報告しないことが慣例化していました。

そのため、会社に知られないまま失注してしまった案件も数多くあります。

E社の社長は、総力戦で取り組めば受注できたはずの案件が、その営業マンしか知らない間に失注してしまうロスを危惧していました。

そこで「仕事のゲーム化」によって、営業マンが抱えている案件のオープン化を決意したのです。

具体的には、営業マンごとの月別新規案件創出数をレースにして競わせて、毎月の営業会議でレースの優勝者を表彰しました。

このとき、創出した案件が最終的に受注に至るかどうかは一切問わないことにしたのがポイントです。

営業マン自身がそこにニーズがあると思えば、たとえ受注見込が薄い〝片思い状態〟であっても案件化してよい、と社長から全営業マンに伝えました。

たとえば、新築施設の着工計画があるものの、まだ着工するかどうかわからない段階であっても、そこにニーズがあると営業マンが判断すれば案件化するというルールにしたのです。

これによって、ウソの申告をしたり、水増しが行われるかもしれないという懸念がありましたが、杞憂《きゆう》に終わりました。

案件化するかしないかという判断を本人に委ねたことが、営業マンのプライドを刺激したのでしょう。

若手だけでスタートし、ベテランも後から参加

E社には営業部長を含め営業マンが13名います。6名は40歳以上のベテラン、残りの7名は20歳代の若手です。

Ｅ社の営業部はこのような年齢構成ですから、レースへの参加を強制して全員参加で取り組みを始めても、ベテラン社員６名が白けてしまいレースが盛り上がらなくなってしまうことが予想されました。

社長が自分よりも年配の営業部長に、若干気を使っている状況でもありました。

そこで、レースは自由参加としました。

最初に参加を表明したのは、予想どおり若手だけだったため、７名だけでレースをスタートしました。

ベテランの６名は若手が盛り上がっているのを横目に、自分の仕事を黙々とこなしていました。

そんなベテランに変化が表れたのは、営業会議の場でレースに優勝した若手が社長から表彰されるのを見てからです。

レースを始めて２か月後には、最古参の営業部長がレースを気にしはじめ、若手に案件創出のためのアドバイスをするようになりました。そして３か月後の営業会議で、自分もレースに参加することを表明しました。

こうなると、雪崩を打つように残り５名のベテランも参加することになり、結局、この取り組みを始めて３か月目にして全営業マンでレースを行うようになったのです。

ゲーム化によって組織内のソーシャル共有が促進

その結果、E社から見込案件の〝隠し玉〟は撲滅されました。

受注確度が低い長期案件も含めた見込案件リストが整備され、リストの中の案件を受注につなげていくためストーリーを、早期の段階から営業部だけでなく施工部も含めて検討するようになりました。

E社では、分母の案件数が5倍に増加した（これまで相当多くの〝隠し玉〟があったといえます）ため受注率は低下しましたが、受注件数自体は増えたため、売上が大幅に増加し、業績向上を遂げています。

また、案件発生から受注までの流れの詳細が見えるようになったことで、当初想定していなかった効果も生まれました。たとえば、どのタイミングで設計会社にアプローチしたらよいかといった大型案件を進捗させるためのノウハウは、それまではベテランの頭の中にあって、若い営業マンにはわかりづらいものでした。

しかし、そうしたノウハウもオープン化され、若手からベテランに対して、「なぜこのタイミングで、こういう手を打つのか」といった質問を積極的にぶつけられるようになったのです。

これは前述した「ソーシャル共有」（99ページ参照）というべきものですが、社内が活性化するとともに、経験の少ない若手営業マンの成長を促しています。

【事例2】 連携不足だった仕事の進め方を大きく改善

★営業マンと事務担当者のコミュニケーション不足

法人向けの教育研修事業を行っている宮城県のH社は、次のような流れで仕事を受注しています。

①見込客に向けて啓蒙のための無料セミナーを実施。
②無料セミナーに来たお客さまを営業マンがフォローしてヒアリング。
③ヒアリングにもとづいて個別のカリキュラムを企画し、研修を提案。

①の無料セミナーを開催するためには、日時を決め、会場を確保し、案内状をつくり、見込客に向けてFAXを送付するという一連の作業がありますが、これは、営業事務担当の女性社員3名が行っています。

H社では、この営業事務担当者と営業マンとのコミュニケーションがいつもうまくいかず、営業マンが知らないうちにセミナーの開催を決めてしまったり、せっかくセミナーを企画しても、集客やフォローが中途半端に終わってしまうという問題が頻発していました。

3つのチームで集客業務を競う

この問題を解決するために、H社ではチーム戦で競う「仕事のゲーム化」を考えました。

具体的には、営業事務担当の女性社員3名をリーダーとし、営業マン7人ほどがその下にメンバーとして加わる3つのチームを結成し、チームでセミナー開催のための一連の作業を行っていく体制にしました。

そして、案内状をＦＡＸしたら1ポイント、見込客に集客のための電話をかけたら2ポイント、セミナー集客1名に対して2ポイントと、セミナー集客に関わる業務や成果にポイントを付与し、各チームがどれだけセミナー集客に携わっているかを競わせました。

勝敗は、セミナー開催までのチームごとの合計獲得ポイントで決まります。

チームごとの現在の獲得ポイントは常に見える化されているので、他のチームに負けないように、「あと1本、集客電話をしよう」という意識が働き、これまでセミナー集客に積極的でなかった営業マンも率先して電話をかけるようになりました。

★裏方的存在のスタッフに光を当てる

この取り組みで注目したいのは、これまであまり日の当たらない裏方的存在だった営業事務担当者をチームリーダーにしたことです。

リーダーを任せることで、それまで気づかなかった彼女たちの一面を発見するようなこともありました。

たとえば、おとなしい性格だと思われていたSさん（29歳）が、同じチームメンバーの営業マンにビシビシ指示を与え、意外にも〝仕切屋タイプ〟であることがわかりました。

こうして営業マンは、セミナーの趣旨や内容を十分に理解し、女性リーダーに叱咤激励されながら仕事を進めていきます。

また営業事務担当者は、これまで関心を持たなかったセミナー開催後のフォロー状況や成約状況も大いに気にするようになり、チームメイトの営業マンを応援するようになりました。

自然とコミュニケーションは活発になり、チームの一体感は高まりました。

こうした取り組みによる効果はH社の業績にすぐに表れ、ゲーム開始前と比べてゲーム実施後は、集客数が1・7倍に、受注成約件数が1・4倍に増えました。

【事例3】各拠点を孤立させず、協力体制をつくる

社長の心を揺さぶった女性社員の一言

日用雑貨企画販売業のK社は、東京の本社以外に全国に5か所の拠点があり、総務部付の女性事務職を1名ずつ配置しています。

彼女たちの仕事は、従業員の勤怠管理、本社からの通達事項のアナウンス、商品在庫の確認、資料の発送、事務所の清掃など、多岐にわたります。

以前は全員正社員だったのですが、いまは、正社員、契約社員、派遣社員と、雇用形態はさまざまです。こうした雇用形態の多様化の影響もあるのか、彼女たちはお互いに遠慮があったり、疎外感を抱えていました。

ある日、K社の社長は、出張の帰りに広島支店に立ち寄りました。たまたまそのときは、女性事務職を1人残して他の従業員は全員外出中でした。

社長は彼女と少し雑談しただけで東京の本社に戻ったのですが、新幹線の車中、社長の頭の中では、彼女がポロっともらした一言が何度もリピートされていました。

「私、仕事が嫌いなわけではないんですけど、だれもいない事務所で1人黙々とルーチンワークをしていると、ときどきさみしさがこみあげてくるんです」

毎日の業務報告に遊び心を加える

彼女の一言を問題視した社長は、全国の拠点5名プラス本社の女性事務職に、毎日簡単な業務報告書を提出してもらうことにしました。しかし、ただ単に報告書を提出してもらうだけでは、義務的で面白みがないと考えた社長は、そこに遊び心を加えました。

報告書に記載された勤怠管理、通達事項のアナウンス、棚卸作業、清掃などの業務をポイント化し、前述の「Sales Force Assistant」の機能を使って、レースのように競ってもらうことにしたのです。

彼女たちは、勤怠管理、通達事項のアナウンス、棚卸作業、清掃、その他業務など、行った業務を「Sales Force Assistant」に書き込むだけですが、電子秘書が、勤怠管理なら3ポイント、棚卸作業なら5ポイントというようにそれぞれの業務にポイントを付け、レース化してくれたのです。

レース状況は社長が逐次把握し、必要に応じて応援メッセージを書き込んでいきました。

「不公平にならないように応援メッセージを書き込むのは大変ですけど、彼女たちが頑張ってくれているのがわかるので、こちらもやめられませんね」と社長は言います。

ルーチンワークにスポットライトを当てる

レース開始から10日ほど経過した頃には、各拠点の従業員が同じオフィスの事務職に応援メッセージを書き込むようにもなりました。そうしたことは、レース開始当初はまったく想定していませんでした。

いままで見えないところで頑張っていたことが見える化されて、実際に感謝の言葉をかけられることも増えたようで、女性事務職のモチベーションも高まったようです。目に見えて元気になったという拠点長からの報告もあったほどです。

ただし、どうしても拠点の人数が少ない場合には、レースの対象となる業務が少ないことがあり、順位を上げにくいというゲームの問題点がありました。

そのため、社長から「必ずしも順位を評価しているわけでなく、みなさんの頑張りを見える化しているのだ」というメッセージを伝えるような配慮が必要でした。

「これまで日の当たることの少なかった地味なルーチンワークにスポットライトが当たったこと、自分と同じような業務を行っている他拠点の事務職の存在を意識することができるようになったことがよかったのでしょう」と社長は語っています。

☆「仕事のゲーム化」の副次的効果

毎日報告書を提出させることによって、K社にはさまざまな副次的効果が生まれました。まず、事務職各人の業務負荷状況がわかるようになったため、拠点の壁を越えて協力し合うことが増えてきました。

たとえば、拠点の制約を受けない資料発送などの業務の場合、ある拠点が多忙なら、比較的手の空いている他の拠点の事務職が進んで手伝うようになりました。

また、ポイントを獲得しようという心理からか、たとえば、顧客向け資料を送る封筒に、より目を引くようなキャッチコピーを印刷しておくなど、プラスワンの工夫を事務職が自発的に行うようになったと言います。

封筒へのキャッチコピーの印刷業務は、「工夫・改善業務」としてポイント付与されます。ポイントを獲得しようと工夫や改善の余地はないかと意識していくなかで、こうした発想が出てきました。

さらに、全国の事務職どうしのコミュニケーションが密になり、たとえば、福岡の事務職が以前から実施していた効率的な商品在庫確認の方法が他の拠点に伝わって、会社全体の棚卸業務の時間が短縮されるなど、ナレッジ共有による効果も生み出されました。

【事例4】腰の重い営業マンの新規開拓活動を促進

新規ターゲット先へのアプローチをポイント化

神奈川県にある機械製造・販売業のN社は、既存顧客からの売上が数年来減少傾向にあるため、新規開拓が急務となっていました。しかし、すぐに成果が出ない新規開拓活動には営業マンの腰が重く、活動が停滞していました。

そこで、先に紹介したA社と同様に新規開拓活動をゲーム化しましたが、N社の場合は、A社のような諜報活動でなく、営業の活動プロセスに焦点を当ててレースを行いました。

具体的には、まず各営業マンが、新規開拓候補企業をリストアップして「新規ターゲット先リスト」を作成します。

そして、その会社に対して商談をしたら1ポイント、見積書を提出したら2ポイント、受注したら5ポイント、さらに受注時の金額が100万円以上ならボーナスポイントと、各活動ごとにポイントを付与し、高ポイントを獲得した営業マンを表彰しました。

すぐに自分の成績につながりにくい新規開拓をゲーム化することで、確実にアクションを起こせるようにしたのです。

☆プロセスを見える化し、評価する仕組みをつくる

新規開拓のようなすぐには結果が出ない活動を促進するためには、成果に至るプロセスを見える化し、そのプロセスでの活動を評価する仕組みをつくることが有効です。

このゲーム化に取り組んで以降、N社は多数の見込客を保有できるようになりました。

N社の商材は特殊な機械なので、すぐに取引開始というのはむずかしいのですが、具体的なニーズを聞き出すことができれば、競合が入り込んでいても提案できる余地は大きいのです。

実際N社の営業マンは、見込客からこう言われることが多いそうです。

「君の提案はわかった。確かにいま使っているZ社のものよりもおたくの機械のほうがよさそうだ。この先、Z社の機械が故障したら、必ず君に連絡するから」

N社では、継続的な新規開拓活動がジワジワと業績アップにつながっています。

Part 7

「仕事のゲーム化」の限界を超えた組織づくりを

1 仕事に対する動機付けで乗り越えなければならない溝とは

外発的動機付けと内発的動機付け

これまで見てきたように、「仕事のゲーム化」は、楽しく前向きに仕事に取り組むために非常に有効な手法です。

そして重要なのは、ゲーム上でレベルアップすることが、そのままリアルな能力アップ、成長につながっていくという点です。

人材育成を考えるうえで、そのことはとても大きなヒントになるはずです。

さらにそのゲームが、トップの経営戦略とボトムの現場実行をつなぐ可視化経営というフレーム上で行われることで、「仕事のゲーム化」は企業戦略を実行していく〝加速器〟として機能します。

こうした点を踏まえて、最後に「仕事のゲーム化」の限界についても指摘しておきたいと思います。

その前提として、人はどのように動機付けられて行動するかということを考えてみたいと思います。

187ページに示すように、人の動機付けは大きく、外発的なものと内発的なものに分けることができます。

外発的動機付けは、自分の外にある目標（義務、強制、賞罰）によってもたらされるもので、これはさらに、回避モチベーションと接近モチベーションに分けることができます。

回避モチベーションによる行動は、たとえば、罰を受けるのが怖いから仕事をするとか、テストで悪い点数を取ると怒られるから勉強する、というものです。

つまり、罰を受ける、怒られるといった自分が嫌悪する事柄から離れようとする行動をとることがその特徴です。

一方の**接近モチベーション**は、たとえば、表彰されたいから一生懸命に仕事をする、テストで良い点数だとほめられるから勉強する、というものです。目標に近づく行動をとることがその特徴です。

以上が、外発的動機付けといわれるものです。

内発的動機付けは、自分の内側にある好奇心や興味・関心によってもたらされ、他者からの賞罰に依存しません。自ら取り組み、工夫し、創造性を発揮する点がその特徴としてあげられます。

たとえば、罰も表彰もないけれど自分自身興味があるから仕事をするとか、テストはないけれど理解できると面白いから勉強する、というのは、内発的動機付けによる行動です。

「仕事のゲーム化」は外発的動機付けを促す仕掛け

さて、ここで少し考えてほしいのですが、ゲーム化によって仕事のやる気が高まるというのは、この3つの動機付けのうちのどれに当たるでしょうか。

多くは、「レースか、よし！　一番になってやるぞ！」というものですから、外発的動機付けの接近モチベーションです。

ときには「レースでビリケツになったらカッコ悪いから頑張ろう」という回避モチベーションに促されるケースもあるかもしれません。

いずれにしても、「仕事のゲーム化」は外発的動機付けを促すものだといえます。

このことは、「仕事のゲーム化」には「自分以外の〝だれか〟がいてくれなければならない」という限界があることを示しています。

動機付けの継続性という点を考えると、左ページの図の右にあるものほど長く続きます。

たとえば、サボると怒られるから仕事をする、という回避モチベーション状態の場合、怒る人が目の前からいなくなれば、仕事をサボります。これは継続性が低いということです。

【人はいろいろなことで動機付けられる】

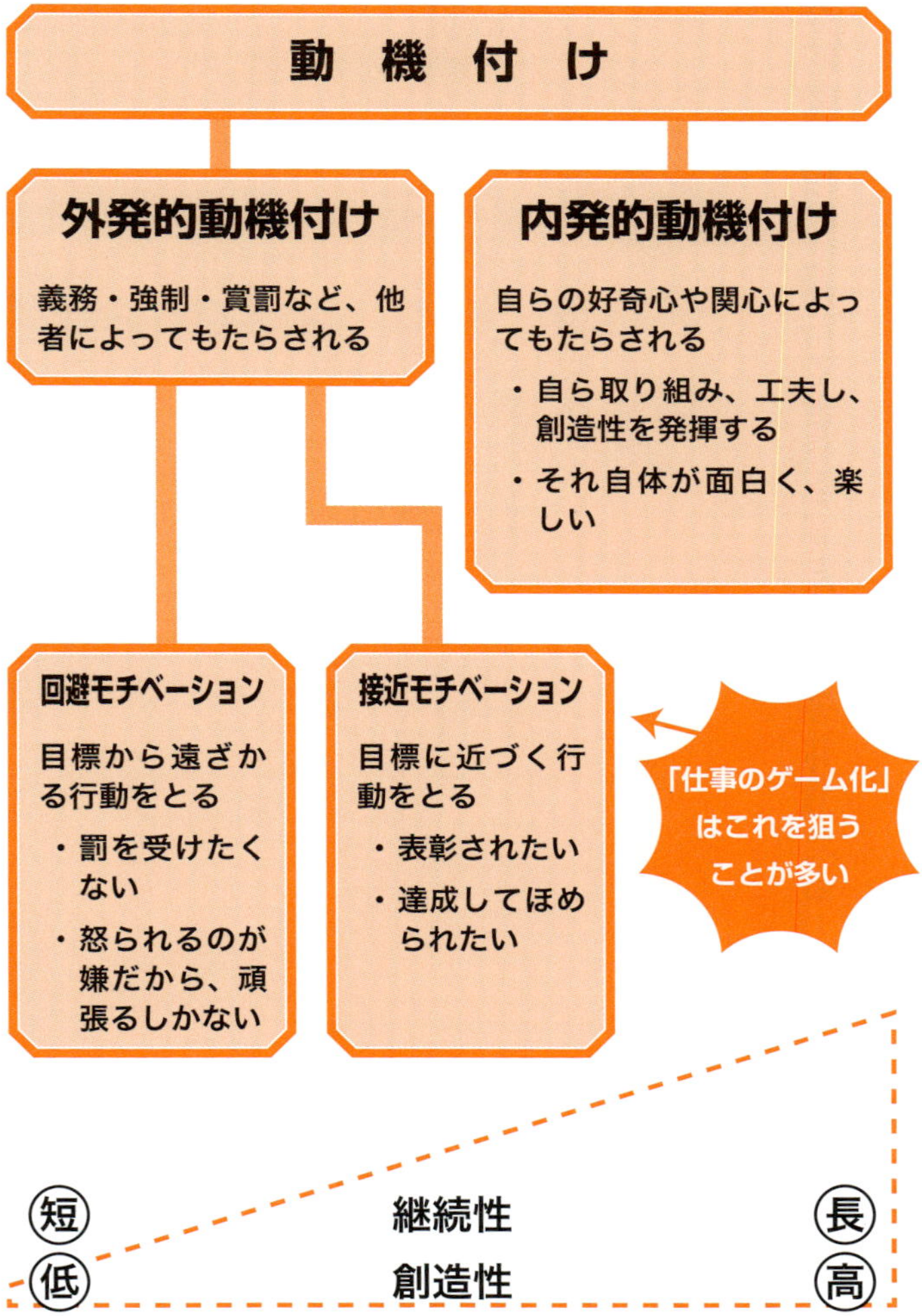
動　機　付　け
外発的動機付け
義務・強制・賞罰など、他者によってもたらされる
内発的動機付け
自らの好奇心や関心によってもたらされる
・自ら取り組み、工夫し、創造性を発揮する
・それ自体が面白く、楽しい
回避モチベーション
目標から遠ざかる行動をとる
・罰を受けたくない
・怒られるのが嫌だから、頑張るしかない
接近モチベーション
目標に近づく行動をとる
・表彰されたい
・達成してほめられたい
「仕事のゲーム化」はこれを狙うことが多い
短
継続性
長
低
創造性
高

一方、年間営業成績トップになるという目標に向かって仕事をする接近モチベーション状態だと、その意欲が1年間は続きます。しかし、強力なライバルの出現等によって、年間トップになることがむずかしい状況になると、ゴール前に意欲がなくなってしまうかもしれません。

その点、仕事そのものに興味・関心がある内発的動機付け状態なら、1年間どころか一生継続して仕事に熱中し続けることもあり得ます。

次に、創造性という観点で、３つの動機付けを考えてみましょう。

罰から遠ざかろうとする回避モチベーションで行動しているときは、創造性が発揮されることはほとんどありません。

表彰を勝ち取ろうとする接近モチベーションで行動しているときには創造性が発揮されますが、自分の内側にある好奇心や興味・関心によって動いている内発的動機付け状態で行動しているときに発揮される創造性にはかないません。

このことを考えると、ゲームで踊らせる、ゲームで踊らされるだけで果たしてよいのだろうか、という疑問が浮かんできます。

内発的動機付けに移行できれば〝やらされ感〟が消える

左ページは、社員に対する動機付けでめざしたいイメージです。

【ゲームのパワーで内発的動機付けへ】

内発的動機
あっ、おれ、この仕事、好きかも！よし、ちょっと工夫してみよう
あれ？　なんか楽しくなってきたな～
なんか、だんだん上手くなってきたかも
ゲームかぁ……。まぁ、乗せられてみるか
仕事をゲーム化して楽しもうぜ！
外発的動機付け（接近モチベーションを刺激）
もう、嫌だ……
おい！　給料を払っているんだから、頑張って仕事をしろ！
外発的動機付け（回避モチベーションを刺激）
退職
外発的動機

部下に対して、「おい、お前！　給料を払っているんだから、頑張って仕事をしろ！」と回避モチベーションを刺激すると、とくにゆとり世代などは、「おれには無理だ～、もうダメだ～」となってしまいがちです。

「仕事をゲーム化して楽しもうよ」と接近モチベーションを刺激すると、最初はしぶしぶでも「ゲームかぁ……。まぁ、乗せられてみるか」という気持ちになります。

しかし、この段階ではまだ外発的に動機付けられた〝やらされ感満載〟の状態です。

それがしばらくやっているうちに、「なんか、だんだん上手くなってきたかも」となり、さらに「あれ？　なんか楽しくなってきたな～」と思わせるゲーム化を考えなければなりません。

そのための仕掛けとして代表的なものが、Ｐａｒｔ５で説明した「ゲームデザイン・12のポイント」です。

こうして、徐々に内発的動機付けが芽吹いてきます。最終的には「あっ、おれ、この仕事好きかも！　よし、ちょっと工夫してみよう」と、完全な内発的動機付け状態になります。

★ 仕事における内発的動機付けのむずかしさ

こう書くと簡単そうですが、仕事における内発的動機付けというのは、なかなか手ごわい面があります。

趣味やボランティアなら、外発的動機付けから内発的動機付けへの移行は比較的スムーズにいきます。

私（清永）にも、こんな経験があります。

学生時代のことですが、付き合っていた彼女に「ギターが弾けたら、カッコいいのにね」と言われました。

貧乏学生にとってギターは高価だし、リズム感もそんなによいほうではないので、「えっ、ギター……」と思いましたが、彼女にいいところを見せたくて中古のギターを買いました。

いわば、外発的動機に促された状態です。

ギターの練習を始めると、指先の皮膚がめくれてくるし、指全体もとても痛くなりました。「もうやめよう」と何度も思いましたが、彼女の励ましもあって必死に練習を続けました。

そのうちに、少しずつですがギターを弾くことが面白くなってきました。そして、もっといい音を出したくて、なけなしのアルバイト代でエフェクターを買ったりもしました。

そしていつの間にか、彼女が喜ぼうが喜ぶまいが関係なくギターに夢中になっていったのです。

しまいには「私とギターとどっちが大事なの！」と彼女に怒られてしまうほど、内発的動機でギターを弾いていたのです。

しかしこれが、金銭的報酬がからむ仕事になると、事はやっかいです。仕事をすれは、必ず給与をもらいます。給与という金銭的報酬をもらうからこそ仕事だ、ともいえます。

また、「労働は苦役である」という根強い固定概念があります。この2つが相まって、仕事における外発的動機付けから内発的動機付けへの移行には、大きな溝ができてしまいます。

金銭的報酬が内発的動機付けの妨げになる

内発的動機付けを研究している心理学者のエドワード・デシが興味深い実験をしています。

まず被験者を2つのグループに分け、とても面白いパズルを全員に解いてもらいます。

そして一方のグループの被験者には、パズルが解けたら1ドルを渡します。もう一方のグループの被験者にはパズルが解けても何も渡しません。

こうして8分間の休憩をはさんで、4回パズルを解いてもらいます。

被験者には、休憩中は何をやってもよいと伝えてあります。

デシは被験者に対して、「あなたたちがパズルを解いているときの表情や動作を観察します」と伝えました。しかし、デシが実際に観察したのは、パズルを解き終えた後の休憩時間だったのです。

お金を与えられないグループは、休憩中も時間を惜しんでパズルを解くのを楽しんでいました。一方、お金を与えられるグループは、休憩時間はパズルから離れリラックスしていた、という実験結果が報告されています。

この実験結果から何がいえるかというと、わずか1ドルの報酬が、本来時間を惜しんでも解きたいパズルを、金銭をもらうための義務的な〝仕事〟にしてしまったということです。

このデシの実験は、金銭的報酬が逆に好奇心や興味・関心の妨げになることを証明したといわれています。

189ページの図でいえば、外発的動機と内発的動機に間にこうした溝があるのです。これを**「内外発断層」**といいます。

仕事にはゲーム化しやすい条件が整っているということを、Ｐａｒｔ３で説明しました。しかし一方で、報酬がもらえることによって、内発的に動機付けられる状態を維持することがむずかしいともいえるのです。

ゲームをゲームで終わらせず、人と企業の成長につなげるには

このことは、かのドラッカーも指摘しています。その著書『明日を支配するもの』（ダイヤ

モンド社）の中でドラッカーは、次のように言っています。

「知識労働者の動機付けは、ボランティアの動機付けと同じである。ボランティアは、まさに報酬を手にしないがゆえに、仕事そのものから満足を得なければならない。何にもまして、挑戦の機会を与えられなければならない。組織の使命を知り、それを最高のものと信じられなければならない。

知識労働者にとって意味があり、彼らのやる気を引き出すような、金銭とはかかわりのない成果についても明らかにしなければならない。非金銭的な見返りが必要とされている。

従業員は、仕事上のパートナーとしてマネジメントしなければならない。パートナーシップの本質は対等性にある。命令と服従の関係ではない。パートナーに対しては理解を求めなければならない」

頭を使う知識労働は、他人が無理矢理やらせることはできません。本人が理解し、本人が納得し、本人が自発的に動くしかないのです。

そして、その仕事で創造性や自発性を維持するためには、ボランティア活動のように、金銭的な報酬ではない見返りが必要です。ドラッカーはそのことに関して、まさにビジョンの共有が重要だと言っているのではないでしょうか。

「給料を払うから仕事をしろよ」というアプローチではなく、「日本一になろうぜ！」、「世の中に価値のあることをしよう！」という働きかけをし、「だから一緒にやろうぜ！」と仲間を募ることが重要という指摘だと、私は理解しています。

2 「内発駆動トライアングル」を組織に埋め込む

「内発駆動トライアングル」とは

仕事には「内外発断層」という、内発的動機付けを妨げる深く大きな溝があることを述べてきました。

この断層を飛び越えて、仕事であっても内発的に動機付けられる状態をつくることは可能でしょうか。そして、そのためにはどうしたらよいでしょうか。

私は、「内外発断層」を飛び越えるには、次の3つによって成り立つ「内発駆動トライアングル」を組織に埋め込むことが必要だと考えています。

① ビジョンの共有
② 組織と個人の対等性の認識
③ 自己発働

以下、それぞれの要素について説明していきます。

内発駆動トライアングルの要素①：ビジョンの共有

内発駆動トライアングルの1つ目の要素は、前述のドラッカーの話で触れた「ビジョンの共有」です。

ビジョンの共有については、Part4で商店街の魚屋さんがメタボリック対策業になるという例を通して詳しく述べました。

組織として意義のある「真・善・美」のビジョン（58ページ参照）を掲げ、社員間でそれが共有されているということが、内外発断層を飛び越えるために非常に重要な点です。

単にお金を稼ぐだけでなく、そのビジョンを達成すれば世のため人のためになると思うとき、人は内側から沸々とやる気が出てくるのです。

明治維新の立役者である西郷隆盛は、「人を相手にせず、天を相手にせよ」という言葉を残しています。「私利私欲ではなく、世の中（公）のことを考えて行動しろ」と言っているのだと思います。

脳神経外科医として脳の覚醒下手術で日本屈指の実績を誇り、『人に向かわず天に向かえ』（小学館）の著者である篠浦伸禎氏によると、私利私欲は「動物脳（大脳辺縁系）」が司り、公の精神に通じるのが「人間脳（大脳新皮質）」だそうです。

「自分さえよければいい」と考えると、一部の動物脳しか働きませんが、自分のことだけでなく世の中や他人のことを思いやれば、脳がバランスよく働き、内面から沸々と活力が出てくるというのです。

そのやる気を持続させるためには、描いたビジョンが単に大きくぶち上げただけの荒唐無稽なものではなく、達成に向けたストーリーがビジョンマップとして描かれていることが重要です。

そして、給料をもらうために仕方なくやっているという意識ではなく、報酬をもらおうがもらうまいが、目の前のこの仕事をやりたい、成し遂げたいという意識のほうが強く、高まっていれば、外発的動機付けである給料をもらっても、そちらに引き戻されずに、内発的に動機付けられた状態をキープできるのです。

さらに、つくったビジョンを折に触れて見たり、ビジョンについて考えることも大切です。

仕事をしていると、さまざまな困難に遭遇します。そんなときに、ビジョンに立ち返って、「そうだ、この困難も、すべてあのビジョンを達成するための試練なのだ」と思うことで、エネルギーが湧いてくるからです。

内発駆動トライアングルの要素②：組織と個人の対等性の認識

内発駆動トライアングルの2つ目の要素は、「組織と個人の対等性の認識」です。

どういうことかというと、会社と社員は対等なパートナー関係だと共通認識することです。

会社全体は、「真・善・美」のビジョンをめざしていても、自分はそのなかの歯車に過ぎず、いてもいなくてもいいような存在だと思っていたら、せっかく共感できるビジョンがあっても、意味のないものになってしまいます。

そうではなく、会社のなかで自分が果たす役割も大きく、自分が会社全体に影響を与えられる存在だという認識があってこそ、目の前の仕事が会社全体のビジョンにつながります。

これは、組織とそこで働く個人が「全個一如の関係」になるということです。

この関係を示したのが、201ページの図です。左側の大きな丸が全体です。全体は小さな丸がたくさん集まってできています。小さな丸が部分です。

そして、小さな丸である部分を取り出して拡大したのが右側です。部分の中に全体が含まれています。

この図は、全体が部分に影響を与えていて、部分も全体に影響を与えていることを意味しています。これを「全個一如の関係」と言います。

世の中には、こうした関係がいろいろあります。たとえば、学校と生徒の関係です。レベルの高い学校出身の新入社員が会社に入ってきたら、まだその人のことをよく知らなくても、なんとなく賢そうに感じます。

これは、全体である学校が部分である卒業生に影響を与えているということです。

ところが、その新入社員が仕事でミスばかりしていて、勤務態度も悪かったら、評価はがらりと変わります。

「あいつはいい学校を出ているから、てっきり優秀かと思ったけど、全然ダメだな。ということは、あの学校もじつは大したことないんじゃないか」と思うでしょう。

これは、部分である卒業生が全体である学校に影響を与えているということを意味します。

会社と社員の間にも、こうした相互の関係が成り立ちます。

私たちはややもすると、会社が上（主）で社員は下（従）だ、というような気になります。会社という絶対的な存在があって、社員は会社に従属している、虐げられている、従えさせられていると思ってしまうのですが、けっしてそうではありません。

社員1人ひとりが会社を創っています。社員という存在は、会社と対等のパワーがあるのです。

もちろん社員の中に会社が含まれているので、会社全体の影響を社員が受けることもあります。

【個を活かし、全体を生かす「全個一如」】

・全体の中に部分があり、部分の中に全体がある。
・個が全体に影響を与え、全体も部分である個に影響を与える。

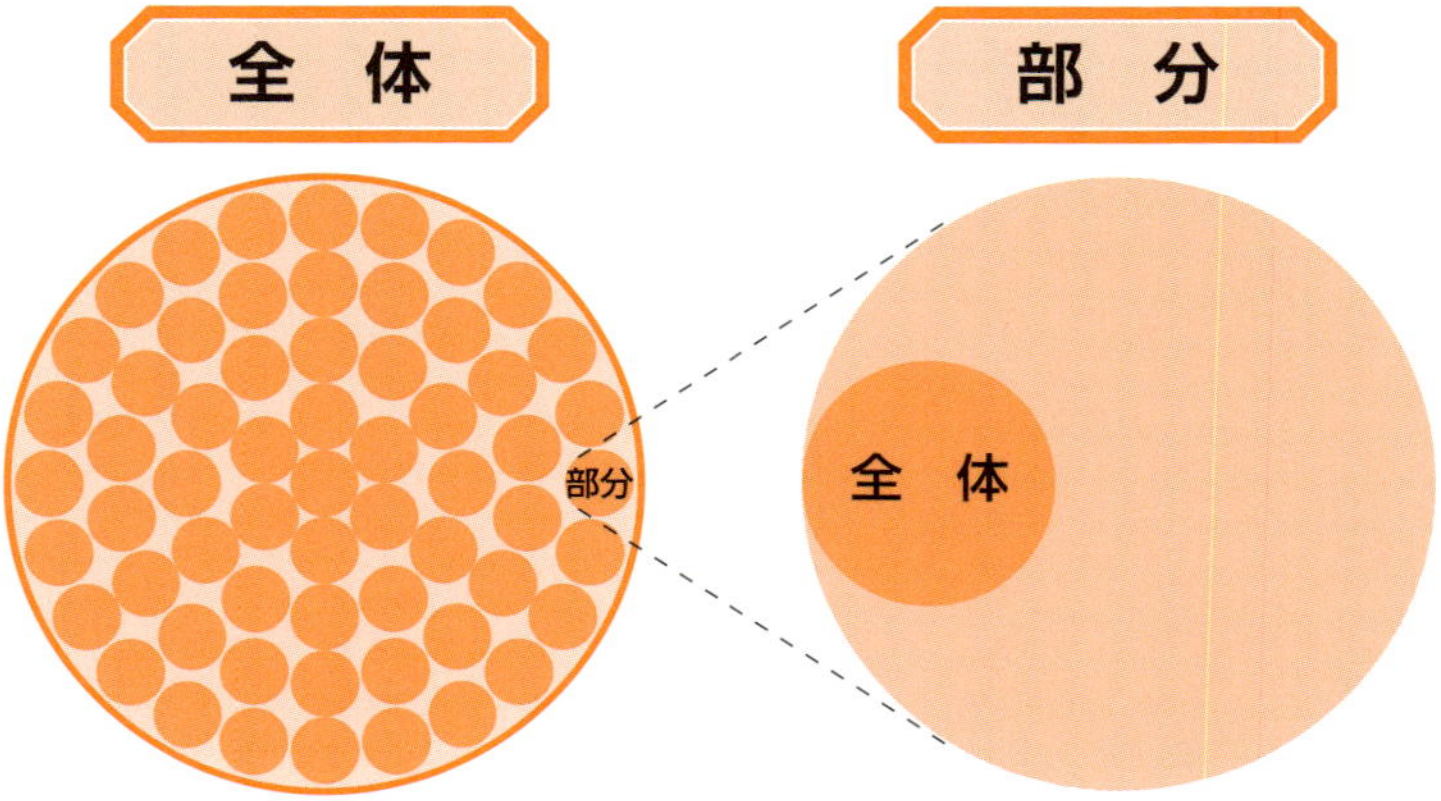

「会社と社員の関係」でいうと……

会社という実態はない。会社は１人ひとりの社員の集まりに過ぎない。

一見すると、全体（会社）に個（社員）が従属しているように思えるが、じつは個が全体に影響を与え、全体も部分である個に影響を与える、という対等性を持っている。

す。しかし、社員1人ひとりが会社という組織をつくっているわけですから、やり方次第で、1人の社員が会社を変えることもできるのです。

以上のようなことを、「組織と個人の対等性」といっているわけです。

内発駆動トライアングルの要素③：自己発働

内発駆動トライアングルの3つ目の要素は、自己発働です。自己発働とは、自分で決めて自ら進んで動くということです。

「真・善・美」のビジョンをめざす組織のなかで、自分は組織と対等なパートナーであるという認識を持ち、内発的に動機付けられたとしても、それが維持されるためにはもう1つの要素が必要です。

それは、その仕事は他人にやらされているのではなく、自分自身の意思で取り組んでいる、という自律的かつ自発的な意識です。

このように、仕事に前向きに取り組んでこそ、成功体験を積むことができ、「やればできる」、「俺はできる」と、自信を得ることができます。

逆に、そうした自信を持っていないと、自律的かつ自発的な行動を続けることがむずかしくなります。

入社当初はやる気満々で元気だった新入社員が、仕事で失敗ばかりして上司に叱られ、数か月もすると自信喪失して元気がなくなる姿を思い浮かべていただくとわかりやすいと思います。

こういう状態になると、進んで仕事に取り組むこともしなくなり、どんなにゲーム化された仕事であっても、楽しめなくなってしまいます。当然ですが、能力も向上しません。

自己発働で大切なことは、客観的に能力がある、自律的であるということではなく、本人の認識の問題だということです。

実際には、能力もなく、自律的でもないのに、自分の認識だけは有能かつ自律的だということは滅多にありません。それは単なる、うぬぼれや勘違いということです。

一方で、十分な能力もあり、自律的かつ自発的に動ける状態にあるにも関わらず、本人が周囲から制約されたり、拘束されたり、制限されているように認識してしまっているケースが結構あるのです。

自己発働とは、そうした自己認識を改めることも含めた意味合いを持っているとお考えください。

3 リッツ・カールトンホテルにみる内発駆動トライアングルの実現

リッツ・カールトンホテルの事例は特別ではない

以上、内発駆動トライアングルについて説明してきましたが、自分たちの会社にこの考え方を取り入れるにはどうしたらよいだろうかと思われている方も多いと思います。

最後に、内発駆動トライアングルの考え方をしっかり取り入れて運営している会社の例を紹介したいと思います。

その会社は、リッツ・カールトンホテルです。

リッツ・カールトンホテルでは、仕事を「PRIDE & JOY（誇りを持って、楽しむこと）」と位置付け、高い顧客満足度、従業員満足度を誇っています。

さらに、経営者にとって名高いマルコム・ボルドリッジ賞を二度も受賞しています。

この賞は米国国家経営品質賞とも呼ばれ、顧客満足のカイゼンや実施に優れた経営システムを有する企業に授与されます。

内発駆動トライアングルを考えるうえで大変参考になる事例ですが、こう思われる方もいるかもしれません。

「リッツ・カールトンホテルだからできるんでしょ！　高級ホテルを事業にする立派な企業だったら、内発駆動トライアングルも満たせるよね。うちの会社の仕事は３Ｋ（きつい・汚い・危険）だ。プライドなんか持てない。ジョイなんてありえない。苦しいばっかりだ。だからうちの会社の参考にはならないよ」

でも、ほんとうにそうでしょうか。よく考えてみてください。ホテルの仕事はけっして楽ではありません。

掃除ひとつとっても、なにしろ髪の毛一本落ちていても怒られてしまうので、相当丁寧に仕事をしなければなりません。

お客さまが華やかなパーティをしている裏で、それこそコマねずみのように働いているのが実態です。

おまけにホテルは、24時間３６５日休みがありません。とくに仕事が忙しい週末に休みを取ることはほとんどできません。人が遊んでいるときに働かなければならない大変な仕事です。

そんなホテル業で、どのように内発駆動トライアングルの実現に取り組んでいるかを知ることは、多くの会社にとってとても参考になる点が多いはずです。

☆多忙な仕事のなかでも、ビジョンに触れる機会を多くつくる

まず、内発駆動トライアングル①「ビジョンの共有」はどのように実現しているのでしょうか。

リッツ・カールトンホテルでは、有名な「クレド」によってビジョンを共有しています。「クレド」は、リッツ・カールトンの信条・信念であり、最高のサービスを実施することを通して、社員が会社の使命を果たし、自分の幸福感を満たすようにつくられています。（左ページ参照）

そして社員は、このクレドが書き込まれたカードを常に携帯し、折に触れて読み返しています。

ビジョンをめざしていくことは、夢のある取り組みですが、どうしても社員は日々の仕事に忙殺されてビジョンを忘れてしまいがちです。

リッツ・カールトンの社員がクレドを携帯し折に触れて読み返すように、自分たちでつくったビジョンマップを、根気よく何度も何度も社員に語りかけ、常にビジョンの意義やビジョンと自分との関係を意識させることが重要です。

【ビジョンを共有する「クレド」】

リッツ・カールトンは、
お客様への心のこもったおもてなしと
快適さを提供することを
もっとも大切な使命とこころえています。

私たちは、お客様に心あたたまる、くつろいだ
そして洗練された雰囲気を
常にお楽しみいただくために
最高のパーソナル・サービスと施設を
提供することをお約束します。

リッツ・カールトンでお客様が経験されるもの、
それは、感覚を満たすここちよさ、
満ち足りた幸福感
そしてお客様が言葉にされない
願望やニーズをも先読みしておこたえする
サービスの心です。

★社員を紳士淑女として扱う

次に、内発駆動トライアングル②「組織と個人の対等性の認識」をリッツ・カールトンホテルではどのように満たしているかを見ていきます。

リッツ・カールトンには「エンプロイー・プロミス」という信条が明文化されています（左ページ参照）。これはその名のとおり、「従業員との約束」です。

リッツ・カールトンでは「会社＝社員」であり、会社と社員は対等であると考えます。だから、その社員の持っている才能を最大限に伸ばすと約束します。それがつまり会社を伸ばすことになるからです。

さらにリッツ・カールトンには、左ページに掲げた「モットー」があります。

これは、スタッフ1人ひとりが自律した人間、つまりプロフェッショナルとして自覚を持ち、お客さまに接するための心得です。

普通に考えると、金持ちの客が来訪したら、ホテル従業員はへりくだって、三つ指をついて迎えるような態度を取るように思うかもしれません。

しかし、リッツ・カールトンではこのような考えを真っ向から否定します。

左ページの「モットー」は、お客さまにへりくだることによって優越感を持ってもらうという安易な方法ではなく、おもてなしのプロとして対等にお客さまと接しながら真の意味でご満

【信条を示す「エンプロイー・プロミス」】

リッツ・カールトンでは
お客様へ約束したサービスを
提供する上で、紳士・淑女こそが
もっとも大切な資源です。

信頼、誠実、尊敬、高潔、決意を
原則とし、私たちは、個人と会社の
ためになるよう、持てる才能を育成し、
最大限に伸ばします。

多様性を尊重し、充実した生活を深め、
個人のこころざしを実現し、
リッツ・カールトン・ミスティークを高める…
リッツ・カールトンはこのような
職場環境をはぐくみます。

【スタッフの心得・「モットー」】

“We are Ladies and Gentlemen serving
Ladies and Gentlemen”
「紳士淑女にお仕えするわれわれも紳士淑女です」

足いただくのがリッツ・カールトン流なのだという宣言です。

これは、「最高のホテルで働く私たち社員も紳士淑女であること」を社員に求めるとともに、社員個々の価値を認めているからこそ言えることです。

翻って自分たちの会社はどうでしょうか。経営者のなかには、社員を「お前ら」呼ばわりし、ぞんざいに扱っている方もいるのではないでしょうか。

顧客に対しては、とにかく下手に出て、言われるとおりにするべきだと指導している方もいるのではないでしょうか。

社員に紳士淑女であることを求めるとともに、紳士淑女として遇してプライドを持たせてほしいと思います。

☆「ファーストクラス・カード」の取り組み

最後に、内発駆動トライアングル③「自己発働」を実現するためのリッツ・カールトンホテルの取り組みについて見ていきます。

これも有名なのでご存知の方も多いでしょうが、リッツ・カールトンでは、「ファーストクラス・カード」という取り組みを行っています。

これは、サンクスカードやサンキューレターと同じ感覚で、同僚がよい仕事をしたら「～してくれてありがとう」とメッセージを書き入れて、本人に渡すというものです。

一般的なサンクスカードと異なるのは、カードが複写式になっている点です。複写されたもう1枚は、人事セクションに回り、集計されます。

集計結果は、後日社員全員の目に留まる場所に貼り出されて表彰されます。

自律的かつ自発的に取り組んだ仕事に対して、周囲から即時フィードバックされると自己効力感を生み、自信になります。そしてその自信が、自律的かつ自発的に仕事に取り組む自己発働状態をつくり出し、内発的動機付けを維持させることができるのです。

内発駆動トライアングルは三位一体

内発駆動トライアングルは3つの要素の三位一体であり、どれか1つでも欠けたら、人は内発的に動機付けられることはありません。

たとえば、自分で決めて自ら動ける人材が、会社とパートナーだという意識を持っていたとしても、会社にめざすべきビジョンがなかったり、それが魅力のないものであったら、内発的動機付けには結びつきません。

たとえ意義あるビジョンがあっても、それが社員に伝わっていない場合も同様です（①「ビジョンの共有」の欠如）。

また、意義のあるビジョンがあり、自分で決めて自ら動ける社員がいたとしても、会社が社員を支配し、監視し、道具のように扱うならば、社員も内発的に動機付けられることはありません（②「組織と個人の対等性の認識」の欠如）。

そして当然のことですが、いくら会社が社員をパートナーとして期待していたとしても、社員自身が自ら決めて自ら動く意思がなければ、内発的動機付けが生まれようがありません。

このように、内発駆動トライアングルは三位一体となっています。３つの要素をすべて満たすことの重要性をよく認識してください。

内発駆動トライアングルと「仕事のゲーム化」は車の両輪

では、内発駆動トライアングルの３つの要素がすべて揃えばそれで万事ＯＫかというと、そうではありません。なぜなら仕事は、それほど甘いものではないからです。

仕事をしていれば、一生懸命全力を尽くしたのにお客さまに怒られる、徹夜で仕上げた渾身の資料を上司にダメ出しされる、ということもあります。

経験を積んだベテランなら、「仕事をしていれば、そういうこともあるさ」と思えることでも、若い世代だと心が折れてしまうようなことも出てきます。

そのため、つらいときや苦しいときでも、もうひと踏ん張り前向きに仕事に取り組め、再度自信を取り戻せる仕組みが必要になるのです。そこに、内発駆動トライアングルとともに、本書で説明してきた「仕事のゲーム化」を考えることの意義があるのです。

単に、仕事をゲーム化するだけでは、外発的動機付けに頼ることになってしまい、内外発断層を越えて内発的動機付けに移行することができません。

では、内発駆動トライアングルを埋め込めばいいかというと、それだけでは日々の具体的なアクションにつながらず、いざ新しいことを始めようとすると初動負荷がかかってしまい、新しいチャレンジを引き出すパワーを生み出せないのです。

つまり、「仕事のゲーム化」と内発駆動トライアングルは、人が自ら仕事に取り組み、イキイキとその仕事に熱中し続けるための〝車の両輪〟だといえるのです。

おわりに

最後までお読みいただき、ありがとうございます。ゲームの持つ力を仕事に応用する可能性について、ご理解いただけたでしょうか。

私は長尾と違って、これまで結構ゲームをしてきましたし、ゲームには人をその気にさせる力があることをずっと実感してきました。

その力を何とか仕事に応用できないものかと考え、本書の企画がスタートしたのですが、それは、仕事に対して嫌々取り組んでいる人が、とても多いように感じたからです。

私は、企業の現場へコンサルティングに出向く機会が数多くあります。そこで、せっかく能力があるのに、仕事に対するモチベーションが低いために、その能力を充分に発揮できていない人をたくさん見てきました。

そこで本書をまとめるにあたって、現場の担当者の方々には「仕事を楽しむ力をつけてほしい」という思い、そして経営者や管理者の方々には「社員（部下）が仕事を楽しむだけの力を身につけられるように工夫してほしい」という思いを込めました。

本書をお読みいただいた皆さん全員に、「よし！　さっそく明日から仕事のゲーム化に取り組んでみよう」と思ってもらえればとてもうれしいのですが、「うちの会社ではむずかしいかもしれない……」と思われた方もきっといると思います。

しかし、だまされたと思って、できることから取り組んでみてください。思っている以上に職場の雰囲気は変わるものです。

そして、少しずつでも本書の内容を実践していただければ、社員全員が仕事上の成長を実現しながら自信を得ることができ、さらには内発的動機付けに結びついて、心から自分の仕事を楽しめるようになるはずです。

そうなれば業績も上がり、会社にとってもハッピーなことは言うまでもありません。

会社も、そこで働く個人もハッピーになれる仕事の仕組みこそが、「仕事のゲーム化」なのです。

本書の内容は、私たちが日本全国３０００社を超える企業の組織力強化のお手伝いしてきたなかから生まれた実践論です。

ぜひ、本書でご提案した内容を信じて「仕事のゲーム化」を実践していただき、組織活性化と業績向上を実現していただきたいと思います。

これまでの多くの企業の皆さまとの出会いがあって、本書をまとめることができました。
最後に、多くの気づきを与えてくださいました皆さまに、この場を借りて厚く御礼申し上げます。

清永 健一

参考文献

- 『すべての「見える化」で会社は変わる』
  長尾一洋（著）　実務教育出版
- 『すべての「見える化」実現ワークブック』
  本道純一（著）　実務教育出版
- 『人を伸ばす力―内発と自律のすすめ』
  エドワード・デシ、リチャード・フラスト（著）　桜井茂男（訳）　新曜社
- 『激動社会の中の自己効力』
  アルバート バンデューラ（編集）　本明寛、春木豊、野口京子、山本多喜司（訳）　金子書房
- 『明日を支配するもの―21世紀のマネジメント革命』
  P．F．ドラッカー（著）　上田 惇生（訳）　ダイヤモンド社
- 『人に向かわず天に向かえ』
  篠浦伸禎（著）　小学館
- 『サービスを超える瞬間』
  高野登（著）　かんき出版
- 『太閤記』
  小瀬甫庵（著）　桑田忠親（校訂）　岩波書店
- 『豊臣秀吉』
  山岡荘八（著）　講談社

著者プロフィール

長尾 一洋（ながお　かずひろ）

株式会社ＮＩコンサルティング代表取締役
中小企業診断士。
横浜市立大学商学部卒業後、経営コンサルティング会社にて人材育成、営業指導、経営計画策定、戦略構築などを行い、1991年、株式会社ＮＩコンサルティングを設立し代表取締役に就任。現在に至るまで、上場企業から社員数名の中小企業まで、多くの企業で企業体質強化に取り組んでいる。自社開発した可視化経営システムは、3000社を超える企業に導入され、営業力や仮説検証力の強化を実現している。
【著書】『営業のゲーム化で業績を上げる』（共著）『すべての「見える化」で会社は変わる』『ＩＴ日報で営業チームを強くする』（以上、実務教育出版）、『営業の見える化』『仕事の見える化』『社員の見える化』『営業マンは目先の注文を捨てなさい！』（以上、中経出版）、『孫子の兵法　経営戦略』（明日香出版）など多数。

清永 健一（きよなが　けんいち）

株式会社ＮＩコンサルティング　コンサルティング本部　教育研修部長、ゲーミフィケーションコーチ
中小企業診断士、笑いヨガリーダー。

神戸大学経営学部卒業後、株式会社リクルート映像に入社し企業研修、人材育成業務に従事。その後、放送通信会社、株式会社ジェイコムウエストに勤務し、法人向け、個人向け、官公庁向けの様々な営業を経験。課長職を経て、コンサルタントの道に転じる。ＳＭＢＣコンサルティング株式会社にて、人材育成、教育研修講師、コーディネータを経験し、ＮＩコンサルティングに入社。

日本企業とそこで働く人をハッピーにすることを使命とし、あるべき論にとらわれない現場密着型の指導・支援でクライアントの支持を得ている。

【著書】『営業のゲーム化で業績を上げる』（共著、実務教育出版）

「仕事のゲーム化」でやる気モードに変える

2013年7月20日　初版第1刷発行
2015年1月20日　初版第2刷発行

著　者　長尾一洋・清永健一
発行者　池澤徹也
装幀者　宮川和夫事務所
発行所　株式会社　実務教育出版
東京都新宿区新宿 1-1-12 〒163-8671
☎(03) 3355-1951(販売)
(03) 3355-1812(編集)
振替：00160-0-78270
DTP　株式会社 エスアンドピー
印刷　株式会社 日本制作センター
製本　東京美術紙工

ISBN 978-4-7889-0810-9 C0034

経営の「見える化」がよくわかる基本書

すべての「見える化」で会社は変わる
可視化経営システムづくりのステップ

長尾一洋　著

戦略レベルから現場活動レベルまで、さまざまな情報の「ビジュアル化」「オープン化」「共有化」を進め、社員の意識や経営体質を変革していく具体的方法論を提示。

A5 判 /264 ページ / 定価：本体 1800 円 + 税

[ISBN978-4-7889-0753-9]

すべての「見える化」実現ワークブック
可視化経営システムづくりのノウハウ

本道純一　著

可視化経営プロジェクトのスタートから経営コクピットの完成まで、いま注目される経営革新手法を具体的に解説した実践ノウハウ本。35 種のワークシート集を別冊添付。

A5 判 /232 ページ / 定価：本体 1800 円+税

[ISBN978-4-7889-0771-3]

図解ビジュアル　経営の「見える化」

本道純一　著

何をどう「見える化」するのか?　左ページ解説・右ページ図版の2ページ1テーマ構成で、いま注目される経営革新手法のポイントがすっきり頭に入る図解入門書。

A5 判 /200 ページ / 定価：本体 1500 円+税

[ISBN978-4-7889-0790-4]